O FOCO TRIPLO DA LIDERANÇA
EM UM MUNDO EMERGENTE

Editora Appris Ltda.
1.ª Edição - Copyright© 2025 da autora
Direitos de Edição Reservados à Editora Appris Ltda.

Nenhuma parte desta obra poderá ser utilizada indevidamente, sem estar de acordo com a Lei nº 9.610/98. Se incorreções forem encontradas, serão de exclusiva responsabilidade de seus organizadores. Foi realizado o Depósito Legal na Fundação Biblioteca Nacional, de acordo com as Leis n⁰ˢ 10.994, de 14/12/2004, e 12.192, de 14/01/2010.

Catalogação na Fonte
Elaborado por: Dayanne Leal Souza
Bibliotecária CRB 9/2162

J622f 2025	Joanna d'Arc, Sales O foco triplo da liderança em um mundo emergente / Joanna d'Arc Sales. – 1. ed. – Curitiba: Appris, 2025. 138 p. ; 21 cm. Inclui referências. ISBN 978-65-250-7096-4 1. Autoliderança. 2. Liderança emergente. 3. Foco. 4. Humanização. 5. Gestão. I. Joanna d'Arc , Sales. II. Título. CDD – 303.34

Appris editorial

Editora e Livraria Appris Ltda.
Av. Manoel Ribas, 2265 – Mercês
Curitiba/PR – CEP: 80810-002
Tel. (41) 3156 - 4731
www.editoraappris.com.br

Printed in Brazil
Impresso no Brasil

Joanna d'Arc Sales

O FOCO TRIPLO DA LIDERANÇA EM UM MUNDO EMERGENTE

artêra
editorial

Curitiba, PR
2025

FICHA TÉCNICA

EDITORIAL	Augusto V. de A. Coelho
	Sara C. de Andrade Coelho
COMITÊ EDITORIAL	Ana El Achkar (Universo/RJ)
	Andréa Barbosa Gouveia (UFPR)
	Jacques de Lima Ferreira (UNOESC)
	Marília Andrade Torales Campos (UFPR)
	Patrícia L. Torres (PUCPR)
	Roberta Ecleide Kelly (NEPE)
	Toni Reis (UP)
CONSULTORES	Luiz Carlos Oliveira
	Maria Tereza R. Pahl
	Marli C. de Andrade
SUPERVISORA EDITORIAL	Renata C. Lopes
PRODUÇÃO EDITORIAL	Bruna Holmen
REVISÃO	Ana Carolina de Carvalho Lacerda
	Arlete Castro
DIAGRAMAÇÃO	Andrezza Libel
CAPA	Kananda Ferreira
	Eneo Lage
DESIGN E EDITORAÇÃO	Carla Piaggio
	Lorena Martins
	Thalita Amorim
	Genivaldo Oliveira
IMAGENS	Freepik
	Flaticon
REVISÃO DE PROVA	William Rodrigues

AGRADECIMENTOS

Honro e agradeço a todos aqueles que me antecederam na árvore genealógica familiar e, em especial, aos meus eternos pais, Pedro Carneiro, e a mãe e professora Theresinha Carneiro, por tudo que me ensinaram e por terem me trazido ao mundo e permitido o meu crescimento e a minha evolução em um lar cheio de amor e respeito.

Ao meu querido, amado e paciente esposo, companheiro de todos os momentos, José Carlos, e à família maravilhosa que construímos juntos. Aos queridos filhos, Alana e Pedro, pela oportunidade que me deram de ser mãe e amiga, ajudando-os no processo de crescimento, e por aceitarem ter uma mãe proativa, incansável nos projetos desafiadores e, às vezes, exigente; mas tenham certeza sempre do quanto meu coração pulsa em conexão e amor por vocês.

Agora, posso incluir a neta Heloisa de Araújo Freitas Sales, de quatro anos, que, pela sua espontaneidade e sabedoria, tem me ensinado a cada dia sobre o amor e verbalizando: te amo, vovó. Foi ela, com sua sabedoria, que em 2023, com apenas três anos, pediu para eu não viajar mais. Esse pedido ecoou no meu coração e, realmente, diminuí o ritmo de viagens. Gratidão, Helô! Peço a Deus que a abençoe sempre e proteja, para que cresça expressando o amor e a sabedoria.

Finalizo a tarefa de escrever este livro com o coração vibrando em energia e honro e agradeço à vida e a todas as pessoas que fazem parte do meu mundo mais íntimo e que estão ao meu lado, celebrando juntos a minha jornada existencial. Também, a todos os líderes e colaboradores que fazem parte dos programas que desenvolvo e com os quais aprendo muito.

Joanna d'Arc Carneiro Pinho Sales

APRESENTAÇÃO

O mundo corporativo está experimentando, a cada dia, o impacto das rápidas transformações e surge uma necessidade premente de estabelecer novas estratégias, de trabalhar novas competências para as pessoas e, mais, de uma preparação específica da liderança para desenvolvimento e aprimoramento de habilidades que serão essenciais e que possam contribuir para um mundo mais humanizado, colaborativo, inovador e consciente. A transformação emergente afetará as pessoas, e sem uma estratégia educacional que contribua para a migração do pensamento linear para o exponencial, não será possível acompanhar o processo de mudança de uma maneira natural, dinâmica e efetiva.

Sabemos que o modelo educacional praticado atualmente teve sua origem na Revolução Industrial, que ensinou nas fábricas que as pessoas deveriam aprender de maneira linear, repetitiva, segmentada e previsível. A escola, como conhecemos hoje, nasceu na mesma época, e tinha como características um modelo tradicional, massificado, público e gratuito.

Esse modelo deixou marcas profundas e não dava espaço para a inovação e a criatividade nas escolas nem nas fábricas, isso impacta atualmente o mundo corporativo e os líderes sofrem essa influência.

O mercado pede inovação e criatividade, as pessoas querem simplesmente "ser pessoas" e o papel da liderança será fundamental na mudança cultural das organizações e na sua própria mudança. Isso é possível com a prática de um novo estilo de liderança em relação ao poder, ao controle, à centralização, à autonomia dos liderados e o seu papel para proporcionar a segurança psicológica dos liderados.

As empresas inovadoras e disruptivas já enxergaram essa deficiência conceitual, já foi constatada sua inadequação para o mundo atual e, rapidamente, já trocaram seus modelos de negócio, estratégias com pessoas, processos e já recorrem a novas tecnologias para inovar e escalar. Essa mudança precisa ser massificada para que as transformações sejam aceleradas.

O líder tem um papel relevante diante do "furacão" da mudança e as oportunidades de inovação com uso da inteligência artificial, que estão sendo geradas no mundo dos negócios e o novo perfil do cliente, que deseja experiência e relacionamento. Isso deverá ser traduzido pelos líderes para que possam alavancar negócios com a prática de uma visão direcionada para o crescimento, a inovação, a antecipação de demandas e necessidades e maior conexão com os liderados.

Essa compreensão consciente nos levará a grandes soluções criativas a partir da cooperação e do amor, e vamos reconhecendo que o nosso comportamento individual afeta o todo e que necessitamos entender que devemos viver em cadeia e que esses elos precisam permanecer conectados com o bem, com o belo e com os valores mais profundos da essência do ser.

Aqui começa uma jornada para líderes que desejem ser inspirados pelo seu ser mais profundo e queiram realmente praticar uma liderança inteligente, humanizada e positiva, pautada em integridade, amor, respeito, coragem e verdade. Essa liderança transcende o ego, que é movido pela teimosia, pelo orgulho e pela vaidade.

Você vivenciará teoria e prática, com exercícios, ao longo do livro, com descobertas enriquecedoras e um mergulho no maior tesouro que existe em você. Permita-se viver todas as experiências da leitura de maneira intensa, entregando-se por inteiro nessa aventura, em cada atividade proposta.

Minha singularidade é reconhecer o autoconhecimento como porta da liberdade. Isso possibilita valorizar a importância da conexão com a essência do ser, facilitando o exercício dos diversos papéis na vida, incluindo a liderança.

Escrevo para líderes por acreditar que a transformação planetária e da humanidade passa por líderes mais conscientes e com um propósito.

PREFÁCIO

Vivemos em um tempo de transformações profundas e rápidas, em que o conceito de liderança se redefine constantemente. No contexto atual, caracterizado por inovações tecnológicas, mudanças sociais e desafios ambientais, a liderança no mundo emergente não pode mais ser compreendida por meio dos paradigmas tradicionais. Este livro visa explorar a importância de uma nova abordagem à liderança, que se alinha às complexidades e dinâmicas do cenário global contemporâneo.

Nos últimos anos, testemunhamos o surgimento de novas potências econômicas e sociais. Países que antes eram considerados periféricos estão agora no centro das atenções, moldando o futuro do comércio, da política e da cultura. Essa mudança de eixo exige líderes não apenas competentes, mas também adaptáveis e visionários. A liderança, portanto, deve ir além da mera gestão de pessoas e recursos; ela deve ser uma força estreita para a mudança, capaz de inspirar e mobilizar comunidades inteiras em direção a um futuro mais sustentável e inclusivo.

Os líderes de hoje precisam cultivar habilidades que atendam às exigências de um mundo interconectado. A empatia, a colaboração e a inteligência emocional foram tão cruciais quanto a capacidade de tomada de decisão baseada em dados. Num ambiente em que a diversidade cultural e a pluralidade de ideias são cada vez mais valorizadas, a habilidade de ouvir e integrar diferentes perspectivas é fundamental. Uma liderança inclusiva, que abraça a diferença e promove a igualdade, não é apenas uma responsabilidade ética, mas também uma estratégia eficaz para a inovação e o crescimento.

Além disso, a tecnologia desempenha um papel central na nova era da liderança. A digitalização transforma a forma como ganhamos e também como nos comunicamos e nos relacionamos uns com os outros. Os líderes devem estar à frente dessas mudanças, utilizando ferramentas digitais para fomentar a transparência e a participação ativa de suas equipes. A capacidade de se adaptar às novas tecnologias e entender suas implicações éticas e sociais é um diferencial que pode definir o sucesso ou o fracasso de uma liderança.

Outro aspecto vital da liderança no mundo emergente é a consciência ambiental. À medida que enfrentamos crises climáticas e ambientais sem precedentes, os líderes são chamados a adotar práticas sustentáveis e a promover uma cultura de responsabilidade ambiental. As decisões que tomamos hoje terão um impacto duradouro no futuro do nosso planeta. Assim, a liderança deve ser entendida como um compromisso com o bem-estar coletivo, transcendente aos interesses individuais ou corporativos.

Por fim, a resiliência torna-se uma característica indispensável para os líderes contemporâneos. Em tempos de insegurança e incerteza, a capacidade de se recuperar de adversidades e de inspirar confiança em suas equipes é essencial. Os líderes não devem ser apenas estrategistas, mas também agentes de mudanças que promovam um ambiente de aprendizagem contínua e adaptação.

Neste livro, a autora Joanna d'Arc Sales, a partir da sua vasta experiência como gestora e especialista no tema, nos leva a refletir sobre as diversas facetas da liderança no contexto emergente, com exemplos práticos, estudos de caso e reflexões que nos ajudarão a entender melhor como podemos nos preparar para os desafios futuros. Convidamos você a embarcar nesta jornada conosco, a fim de descobrir novas formas de liderar e a criar um impacto positivo em nossas comunidades e no mundo.

Com isso, esperamos que este prefácio introduza o tema e inspire a reflexão e a ação. A liderança do futuro está em suas mãos. Que juntos possamos trilhar um caminho de transformação e inovação, enfrentando os desafios do mundo emergente com coragem e determinação.

Rosemma Burlacchini Maluf
*Sócia-diretora do Shopping Bahia Outlet Center, vice-presidente da Associação Comercial da Bahia e diretora da Fecomércio Bahia.
Redes sociais: @rosemmamaluf*

SUMÁRIO

INTRODUÇÃO
A LIDERANÇA QUE TRANSCENDE 13

CAPÍTULO 1
O CENÁRIO EM DIREÇÃO À DISRUPÇÃO E A NOVOS MODELOS DE GESTÃO, NEGÓCIOS E LIDERANÇA......................15

1.1 A complexidade das mudanças e o líder emergente 15
1.2 Compreendendo o cenário com um olhar das descobertas científicas..................19
1.3 O comportamento e o estilo da liderança emergente..............23
1.4 O novo líder e as novas práticas tendo como centro as pessoas e a construção coletiva..............26
   1.4.1 A 3ª Alternativa, proposta por Stephen Covey...............26
   1.4.2 Compreendendo e praticando a Teoria U....................28
      1.4.2.1 As sete etapas da Teoria U 33
      1.4.2.2 As chaves, os movimentos da Teoria U e a consciência.......56
      1.4.2.3 Pontos de atenção e intenção na implantação da Teoria U 59
   1.4.3 Inovar a partir de uma Proposta de Valor 61
   1.4.4 A contribuição do *design thinking*...............63
   1.4.5 O modelo de gestão de uma *Startup* 65
   1.4.6 As empresas exponenciais (ExO) 70
   1.4.7 A proposta do ExO Sprint e suas fases 73
      1.4.7.1 Aprofundando o ExO Sprint e suas fases.............82
      1.4.7.2 As fases do ExO Sprint...................85
1.5 A tríade do líder emergente................86

CAPÍTULO 2
O LÍDER ATUANDO COM A CONSCIÊNCIA EM SI MESMO 89

2.1 Enxergando com uma nova visão da realidade.................89
2.2 Os nossos diversos "eus" 93

2.3 Os desafios do crescimento e da evolução do ser humano 102
2.4 Quando distorcemos os atributos da essência do ser 104
2.5 A transcendência do ego em direção ao Eu Superior 108
2.6 Meditação como caminho para o líder emergente 112

CAPÍTULO 3
O LÍDER EM RELAÇÃO AOS OUTROS 117
3.1 O líder e seus relacionamentos colaborativos e empáticos 117
3.2 Seja um líder assertivo e humanizado 120
3.3 O líder praticando e estimulando a cooperação
e a construção coletiva 122
3.4 O feedback com uso da empatia assertiva 125
3.5 Feedforward versus Feedback 127
3.6 O impacto da liderança ressonante nos relacionamentos 130

REFERÊNCIAS 133

INTRODUÇÃO

A LIDERANÇA QUE TRANSCENDE

Aqui começa uma jornada para líderes que desejam ser inspirados pelo seu ser mais profundo e querem realmente praticar uma liderança inteligente e positiva, pautada em integridade, amor, respeito e verdade. Essa liderança transcende o ego, que é movido pela teimosia, pelo orgulho e pela vaidade.

Como encontrar esse grande tesouro? É claro que se precisa de um método para ajudar no acesso a um próximo nível.

A liderança que transcende é uma aventura para encontrar um tesouro que está dentro de cada um de nós, formado por joias preciosas que recebemos ao nascer: poder, amor e sabedoria. Quando essas joias são associadas às capacidades e inteligências física, mental, emocional e espiritual, fazemos contato com o verdadeiro e maior propósito de vida, que é descobrir o nosso Eu verdadeiro. Só assim o líder passa a integrar o seu pensar, sentir e agir e será inspirado pelo seu Eu Superior e não mais pelo ego.

Você vivenciará trilhas incríveis, com descobertas enriquecedoras e um mergulho no maior tesouro que existe em você. Permita-se viver todas as experiências intensamente, entregando-se por inteiro nessa aventura, em cada atividade proposta.

Tudo que você vai viver e experimentar é fruto de uma grande jornada de autoconhecimento, somada à minha consolidada experiência como líder, empresária, consultora e mentora.

Acredite no seu potencial, no poder de realização e aproveite ao máximo este presente que você se deu, registrando sentimentos, sensações, aprendizados e insights.

CAPÍTULO 1

O CENÁRIO EM DIREÇÃO À DISRUPÇÃO E A NOVOS MODELOS DE GESTÃO, NEGÓCIOS E LIDERANÇA

1.1 A complexidade das mudanças e o líder emergente

A experiência mundial diante da covid-19 nos leva a entender o tamanho da disrupção que a humanidade está vivenciando e que talvez esteja participando de uma nova civilização. Esse cenário sinaliza que nossas atividades e comportamentos são afetados juntamente com os diversos papéis que exercemos.

Em relação ao meio ambiente, testemunhamos uma maior redução de emissão de dióxido de carbono; na economia, grandes sinais para uma recessão, negócios fechando, outros efeitos dolorosos de perdas, isolamento, fome. Estamos presenciando também solidariedade e amor no desejo de ajudar em necessidades básicas.

Outra curiosidade indireta é que o ser humano está sendo convidado a olhar para sua "casa interior", para que a consciência seja acionada e passe a observar seu comportamento e o quanto está sendo alimentado pelo ego ou pelo seu Eu Superior. A depender da escolha e desse nível de consciência, a pessoa tem um posicionamento para viver a vida de maneira egoísta ou tendo clareza de que faz parte do todo e, por essa razão, precisa ter novas atitudes que beneficiem o todo e manter uma visão holística do mundo e do cenário que estamos vivendo. Essa compreensão consciente nos levará a grandes soluções criativas a partir da cooperação e do amor e vamos reconhecendo que o nosso comportamento individual afeta o todo e que necessitamos entender que devemos viver em cadeia, e esses elos precisam permanecer conectados com o bem e no belo.

O mundo precisa se unir e cocriar as soluções com a intenção de transformar, com toda atenção e foco, para direcionar as ações. Talvez assim tenhamos a chance de criar esse novo mundo pautado na consciência do todo e de que somos UM e só viveremos essa realidade se fizermos a transição do Eu para o NÓS.

ESTA É A GRANDE DISRUPÇÃO DE DENTRO PARA FORA!

Estamos vivendo em um mundo complexo, com profundas mudanças, incertezas e convite à inovação, implantação de novas ideias, em vista da necessidade de convivência com uma grande turbulência e inquietação na história humana.

Dessa forma, uma inovação social que busca construções coletivas e compartilhadas, alicerçadas no amor, na solidariedade e no serviço ao outro como propósito, deve ocupar mais espaço junto aos líderes e ao ser humano consciente. Ambos precisam abrir mão da destrutividade contida na imaturidade do ego movido pelo eu inferior, que é uma dimensão interna que tem preguiça para amadurecer por não querer pagar o preço da autoliderança e do autoconhecimento – e continua mantendo-se na confusão, evitando encaminhar-se para uma nova civilização planetária, que atua conscientemente a partir do Eu Superior. No papel de liderança, este é o Líder inspirado, que tem um nível de consciência elevado e escuta o seu Eu Superior no mais alto grau, para a tomada de decisões, relacionamento e nas suas atividades diárias.

No livro *Presença*, de Peter Senge e outros, há um depoimento de um ex-executivo da Ford:

> "O conhecimento interior coletivo permite que o futuro fale ao presente quando nos permitimos estar no "fluxo" do conhecimento no momento em que ele brota. Essa é, talvez, a única fonte de inovação sustentada necessária, em gênero e grau, para redesenhar as comunidades humanas."
> Roger Saillant, CEO, Plug Power
> (ex-executivo da Ford Motor Company)

Nesse cenário, o ser humano tem um papel fundamental, em especial aqueles que assumem a liderança no mundo corporativo e que precisam agregar valor à sua posição e fazer a diferença na vida dos seus liderados, para que tenham uma atuação inovadora e diferenciada. Assim, assumem a sua autorresponsabilidade pessoal para atuarem no mundo a partir da escuta ao seu Eu Superior, fonte de poder, amor e sabedoria, para que possam vivenciar o aqui e o agora de forma presente e consciente.

As condições atuais em que vivem as organizações públicas, o mundo dos negócios, os líderes e as pessoas estão requerendo novas referências, um jeito novo de atuação que ainda não sabemos e um cenário no qual estão presentes a imprevisibilidade, a complexidade, o medo, a insegurança e um número enorme de outras variáveis, incluindo uma recessão sem precedentes.

Com este cenário de incertezas e de imprevisibilidades, será necessária muita sabedoria, em especial para aqueles que estão ocupando posições de liderança e participarão de decisões acerca dos destinos de nações, negócios, organizações, pessoas e definirão as estratégias para sua própria vida. Novas competências serão exigidas de maneira prioritária, e serão consideradas imprescindíveis. Com absoluta convicção, elas estarão direcionadas ao campo sociocomportamental e classificadas como *soft skills* e, conforme já havia sido previsto no Fórum Econômico Mundial de Davos, em 2019, elas ocupariam destaques para os profissionais.

As competências denominadas *hard skills* (técnicas) terão a sua demanda própria, e como estão no âmbito da razão, o ser humano lida com mais facilidade com elas. De acordo com a necessidade, devem ser aprendidas de imediato e são ofertadas no mercado em diversos formatos, como cursos, workshops, seminários e outros. As competências no âmbito do comportamento demandam mudanças mais profundas e requerem autoconsciência e autoliderança, exigindo do líder uma atuação inteligente, que use as quatro inteligências (física, mental, emocional e espiritual). Elas também serão decisivas para amparar as grandes transformações e efetivas mudanças.

O trabalho pessoal do líder por meio do autoconhecimento propiciará maior capacidade para saber lidar com tudo que está acontecendo no mundo externo e no seu mundo interno, pois ele aciona, de modo consciente, a sua tríade existencial e as respectivas *ferramentas da razão* com o pensamento, *ferramentas do poder* com a vontade para realizar e as *ferramentas do amor* para lidar com as emoções, diante das incertezas e da necessidade de assumir riscos, a fim de garantir a sustentabilidade dos negócios e dos seus resultados nas atividades em que esteja envolvido.

O líder consciente, que é inspirado pelo seu Eu Superior e que escuta a sua essência, reúne as maiores condições para uma liderança inovadora e sabe encontrar o lugar de calma e de tranquilidade por meio da prática do silêncio. Dessa forma, reúne forças e poder interno diante das dificuldades e das pressões naturais da existência, para o exercício pleno do grandioso papel de ser líder.

O líder, ao vivenciar circunstâncias que fogem à normalidade do funcionamento das organizações e do mundo, tem sua forma de influenciar e de inspirar afetada também. Isso exige um trabalho pessoal profundo e capacidade de diagnóstico diante da situação em que está inserido para conhecer o nível de maturidade e o grau de prontidão dos seus liderados, a fim de que possa fazer escuta ativa, motivar, delegar, exercer com empatia a liderança e acompanhar a produtividade, utilizando-se de todas as competências do exercício da liderança com maestria.

A grande sacada de um líder emergente é compreender que para alcançar a excelência na liderança, vai precisar de dois níveis de maestria: a técnica e a emocional. Essa conquista depende do crescimento do seu nível de maturidade, que só acontece com a ampliação da consciência. Ao ser despertado pela autoconsciência e pela autoliderança, o líder estrutura as bases para uma liderança eficaz e consegue, de maneira harmônica e inteligente, enfrentar todos os desafios e obstáculos no exercício do papel de líder e dos demais papéis. Assim, sua vida será abundante de conquistas, com propósito, autorrealizada e, com certeza, fará a diferença na vida das pessoas.

O mundo vem experimentando profundas mudanças e o que ainda está por vir envolve muitas questões e situações que não sabemos. Porém temos clareza de que as transformações estão sendo antecipadas com muita velocidade e a superação vai gerar uma nova ordem mundial e planetária, comprovando que a vida é criação e evolui pelo cumprimento da lei do progresso. Seremos testemunhas de saltos quânticos e teremos como saldo, além de muito aprendizado, o exercício da solidariedade, do amor e maior cuidado com o outro, consigo mesmo e com a natureza. Sabemos que evoluímos pelo amor ou pela dor, e nossa grande esperança é de que esse novo mundo que virá seja fundamentado e alicerçado pelo amor como mola propulsora da transformação e da mudança, alimentando a compaixão, benevolência, humildade, cooperação, confiança, gratidão e solidariedade entre os povos e de que os líderes adotem um estilo mais positivo, humanizado e conectado de dentro para fora.

Diante deste contexto, como se sente?

1.2 Compreendendo o cenário com um olhar das descobertas científicas

As mudanças e descobertas científicas nos convidam a ampliar o modelo contido no paradigma newtoniano-cartesiano – que influenciou, e influencia ainda hoje, vários campos do conhecimento científico, argumentando que para se conhecer o todo, era preciso fragmentá-lo em várias partes e estudá-las separadamente – para um novo paradigma que enxerga a totalidade e, de maneira holística, compreende que "tudo tem a ver com tudo".

Se, por um lado, o método cartesiano deu sua grande contribuição para a evolução do mundo, por outro lado, deixou à parte a dimensão humana que trata dos sentimentos mais profundos do ser humano pela valorização da abordagem mecanicista, não vendo o homem como um ser integral, nem que existe conexão de tudo e de todos, por estarem ligados a uma fonte maior, ou à Matriz Divina, tão bem definida por Gregg Braden.

A busca da medição quantitativa de resultados muito bem acionada pelo método científico e dentro da administração e gestão nas organizações contribuiu para o foco no mundo das coisas e não das relações, dos sentimentos e dos conflitos, gerando dualidade entre aquilo que pode ser medido e o que não pode. O físico austríaco Fritjof Capra afirma que "não se pode medir relacionamentos", e aborda o conceito de ecologia profunda reconhecendo a interdependência essencial a todos os fenômenos, esclarecendo que "das redes metabólicas no interior das células às redes alimentares nos ecossistemas e às redes de comunicação nas sociedades humanas, os componentes dos sistemas vivos estão interligados como numa trama". Essa afirmação de Capra sinaliza que existe interdependência, que estamos todos interconectados por um fio ligado à teia da vida.

A ciência tem contribuído significativamente ao trazer conceitos para ajudar o mundo, as organizações e os líderes a repensarem os modelos de atuação, sua interação com as pessoas e ampliarem o nível de consciência.

A publicação do primeiro livro de David Bohm, *Teoria Quântica*, em 1951, considerado por Einstein como a exposição mais clara que já havia visto sobre o assunto, complementada com as ideias filosóficas do indiano Krishnamurti, resultou no livro *Totalidade e ordem implícita*, de 1980, que trata das variáveis ocultas e da mecânica quântica. A teoria da Ordem Implícita tem como ideia básica:

> *"Em geral, a totalidade da ordem abrangente não pode se tornar manifesta para nós; somente um certo aspecto dela se manifesta. Quando trazemos essa ordem abrangente para o aspecto manifesto, temos uma experiência de percepção. Mas isso não quer dizer que a totalidade da ordem seja apenas aquilo que se manifesta. Na visão cartesiana, a totalidade da ordem, pelo menos potencialmente, é manifesta, embora não saibamos como manifestá-la por nós mesmos. Precisaríamos de microscópios, telescópios e outros instrumentos mais."*

Segundo Bohm, vivemos no mundo tridimensional dos objetos, espaço-tempo que representa a Ordem Explícita e onde a matéria tem uma graduação densa; a saída é avançarmos para um nível mais profundo e sutil que representa a Ordem Implícita. Essa ordem mais profunda é a fonte de toda nossa experiência nas várias dimensões do Eu; estamos abordando-a desde o início, ela envolve o físico, o emocional, o mental e o espiritual e, por meio da consciência e da autoliderança, podemos perceber e utilizar de forma integrada e com clareza a ordem implícita.

Bohm acrescenta com suas descobertas que a energia emana do Todo, da ordem implícita, que pode assumir vários aspectos diferentes em indivíduos diferentes e que "o Todo é enriquecido pela introdução da diversidade e pela realização da unidade na diversidade [...]. A individualidade só é possível enquanto desdobramento do todo". Afirma ainda "que o egocentrismo não pode ser confundido com individualidade, o primeiro é baseado na autoimagem, um erro, uma ilusão. A segunda desdobra-se a partir do todo de maneira particular e num momento particular".

Gregg Braden, em seu livro *A Matriz Divina*, conclui que tanto a teoria quântica quanto os textos da sabedoria das tradições antigas levam à conclusão de que "nos mundos invisíveis criamos o projeto dos relacionamentos, carreiras, êxitos e fracassos do mundo visível. A partir dessa perspectiva, a Matriz Divina funciona como o grande cenário cósmico que nos permite perceber a energia não física de nossas emoções e crenças (nossa raiva, ódio e fúria, bem como nosso amor, misericórdia e compreensão) projetadas no meio físico da vida".

Segundo Braden, para que possamos usufruir dos poderes dessa Matriz, devemos aprender sobre as descobertas que unem nossa vida a ela:

1. "Existe um campo de energia conectando toda criação".
2. "Esse campo desempenha o papel de receptáculo, ponte e espelho para nossas crenças *íntimas*".

3. "O campo está em toda parte e é holográfico. As partes estão ligadas entre si e cada uma espelha o todo em escala menor".

4. "Nossa comunicação com o campo se faz pela linguagem das emoções".

As descobertas da teoria quântica foram ampliadas pelo físico John S. Bell, que deixou um importante legado para a ciência do século XX com seu teorema e a "não localidade", revelando uma interdependência das partículas atômicas e os estudos e pesquisas posteriores feitos sobre GNA, que é o complemento do nosso código genético.

O que estas pesquisas impactam na administração, na liderança e na gestão das organizações?

Se estamos falando de líder consciente, espiritualidade no mundo organizacional e do cumprimento das leis universais – como é o caso da Lei do Progresso, do GNA, que é uma célula especial para acelerar o processo de evolução pelo despertar da *consciência*, para que possamos acessar o conhecimento cósmico e ajudar as pessoas, incluindo os líderes, a redescobrir o seu propósito de vida –, a contribuição de John Bell indica mais uma vez que existe uma interdependência que faz as conexões entre o mundo externo das coisas e o mundo interno.

Esse mundo de dentro do ser humano, que só é penetrado e compreendido quando, por escolha, o homem decide se autoconhecer e o líder se autoliderar, vai poder fazer essa conexão e comunicação entre o mundo externo e o mundo interno dos pensamentos contidos no atributo da razão, as emoções pertencentes ao atributo do amor e os fenômenos que podem ser medidos e avaliados com as ferramentas da vontade contidas no atributo do poder.

O cientista e físico americano David Bohm contribuiu muito com suas pesquisas, desafiando doutrinas passadas envolvendo Galileu, Newton, Kepler e Descartes e complementadas com outras teorias, como a da complexidade. Assim, uma nova ciência reflexiva é vislumbrada integrando Física, Química, Biologia, Psicologia, Medicina etc., que abordam também os sistemas vivos como os das organizações e que funcionam como sistema aberto, precisando de interdependência, e possuem características próprias que foram assim denominadas por Capra: eles se criam a si mesmos ("autopoiese"); se "auto-organizam"; são conscientes e interagem com o ambiente.

1.3 O comportamento e o estilo da liderança emergente

Todas essas pesquisas e teorias pedem a cada um de nós uma compreensão a respeito de que o desenvolvimento humano e das organizações como sistemas vivos só é possível com autoconhecimento e autoliderança, consciência e mudança, para que a dualidade humana e organizacional – que geram fragmentação, falsa separatividade e uma visão distorcida da realidade – sejam abandonadas em nome das provas já constatadas nas descobertas científicas, concluindo que tudo e todos estão conectados e interligados a uma Fonte ou Matriz, maior com uma profunda integração sistêmica.

A fragmentação existe em vários campos do saber, na política, nos fenômenos coletivos e sociais e, também, no mundo dos negócios públicos e privados, atingindo a visão sobre líderes, liderança, administração, gestão e sobre o principal patrimônio organizacional, que são as pessoas. A ampliação da consciência levará o homem a buscar a unidade pela conexão com a criação, cabendo a cada pessoa e, em especial aos líderes conscientes, criar uma nova realidade pessoal em relação a si mesmo, ao mundo, às relações e às emoções.

Os líderes passarão a conviver em um novo mundo, que vai requerer um olhar disruptivo, quebrando paradigmas e incluindo um novo *mindset*, pautado em valores da essência e não da aparência. O nível de consciência será mais elevado, envolvendo novas variáveis e necessidades que deverão ser objeto de atenção:

1. Prevenção e cuidados com a qualidade de vida e o bem-estar.
2. Atenção nas relações e conexões recorrendo ao afeto e amor.
3. Foco em um consumidor cauteloso e com mais consciência do ato de consumir.
4. A sustentabilidade do planeta e do meio ambiente será norteadora de ações, decisões e cuidados.
5. Fragilidade emocional dos liderados.

Com esse cenário, o líder deverá incluir, no seu comportamento e estilo, identificação e atendimento às necessidades dos seus liderados, alimentando a adaptação, a resiliência, o amor, o acolhimento, a paciência e muito *feedback* envolvendo elogio e aspectos a serem desenvolvidos na busca da melhoria do desempenho e da produtividade.

Outra prática importante foi trazida por Marshall Goldsmith, um renomado coach de referência no desenvolvimento de mais de 50 mil executivos com mais de 30 livros publicados, que é o *feedforward*, traduzido como "alimentação para frente" ou um estado desejado referente ao desempenho e desenvolvimento de habilidades e no exercício da liderança no novo mundo que se instala.

Tal prática vai contribuir para que seja apontada a direção a ser trilhada pelos liderados, com o objetivo de desenvolvimento ou aperfeiçoamento de competências que serão necessárias ao cenário e dentro das expectativas das partes interessadas, em especial, aos clientes e acionistas ou proprietários que passam a ter um novo perfil. Essa prática inclui uma orientação e um acompanhamento preventivo e estratégico para que o profissional se adapte às necessidades do momento ou do futuro próximo, contribuindo com a aceleração no desenvolvimento, potencializando as competências requeridas no mercado e dentro do negócio.

As diversas mudanças no mundo e nas estruturas organizacionais estão exigindo novas abordagens de estilo no reconhecimento de que a fase do comando e controle, tão praticada e defendida na era industrial, vai dando espaço para a era da sabedoria emergente. Essa era apresenta uma liderança consciente e inteligente, humanizada, positiva e situacional, relacionada com a criação das condições que inspirem e influenciem as pessoas e as instituições a responderem dentro de um novo formato, com comportamentos adequados e diferenciados, incluindo as inteligências, para que possam ativar todas as dimensões contidas na realidade humana: física, mental, emocional e espiritual, alicerçada em um profundo trabalho de autoconhecimento a partir da fonte, dando acesso à voz do Eu Superior.

Isso vai indicar para os líderes um processo de espiritualização, uma postura alimentada pela autoconsciência e autoliderança, com liberação do seu poder interno e o das pessoas que lideram e com as quais se relacionam, ajudando-as a aprenderem a criar o futuro que desejam e a atuarem também no nível individual, com propósito e vontade de ter uma vida de sentido.

As práticas antigas de gestão darão espaço a outros modelos a partir de novas atitudes em relação a lucro, pessoas, liderança, comportamentos e formatos que envolvam as construções coletivas. Essas práticas serão fundamentadas em cooperação, respeito, empatia e amor, no despertar da consciência, na necessidade de suporte socioemocional diante das pessoas e em um relacionamento de experiência positiva e acolhedora, sabendo conviver com a desconfiança, a insegurança e o medo. Por essa razão, vai exigir um novo líder, mais consciente e dotado de novas competências, para inovar e aprender a cocriar com seus pares, liderados e especialistas, de modo que o compartilhamento e a cooperação sejam estimulados.

Quero registrar a seguir algumas abordagens, alguns métodos ou modelos que vinham sendo praticados com sucesso e estão alinhados com uma visão mais holística e podem ajudar a criar um redirecionamento de práticas que preencham as necessidades dos atores envolvidos e são aderentes à nova ordem.

1.4 O novo líder e as novas práticas tendo como centro as pessoas e a construção coletiva

1.4.1 A 3ª Alternativa, proposta por Stephen Covey

A primeira contribuição nesse sentido foi a obra de Stephen Covey, A 3ª Alternativa, que traz uma abordagem com muita coerência dos conteúdos que estamos vivendo e pode ser relembrada como uma boa prática para o líder consciente no mundo emergente.

A proposta de Covey sinaliza possibilidades de como resolver os problemas mais difíceis do mundo, os dilemas existenciais e as crises mais significativas. Na solução de problemas e conflitos, quando defendemos só o nosso jeito, entramos em uma corrente de força que não contribui para uma solução colaborativa e que ambas as partes envolvidas possam ganhar.

Quando atuamos na vida pensando em duas alternativas, o mecanismo de luta e fuga prevalece e a disputa acaba com um ganhando e outro perdendo, ou seja: ou o "meu jeito" ou o "seu jeito". A terceira alternativa pode ser aplicada na vida pessoal, nos relacionamentos e no trabalho. Quando pensamos em duas alternativas, não enxergamos a singularidade do outro e a sua humanidade.

Para atuar na terceira alternativa, precisamos usar do autoconhecimento, da autoliderança e do conceito contido em uma lei universal de que somos autorresponsáveis pela nossa trajetória e pelos resultados que construímos com nossas escolhas. A terceira alternativa começa de dentro para fora e com uma disposição interna, apoiada em uma base de confiança e humildade, uma escuta empática diante do outro e busca da sinergia; e mais, uma realidade melhor do que o jeito de um ou do outro. Esse conceito pode ser perfeitamente aplicado para uma nova visão de liderança na solução de conflitos, comunicação, negociação e na busca da sinergia da equipe para melhoria de resultados.

Segundo Covey, existem etapas para a sinergia:

1. Fazer uma pergunta de terceira alternativa: "Você está disposto a encontrar uma solução que seja melhor da que qualquer um de nós tem em mente?".
2. Definir com o outro os critérios para um resultado bem-sucedido, que atenda a ambas as partes, e que vão além das demandas aparentes e superficiais.

Pensar em possíveis soluções que atendam aos critérios definidos e acordados e que sejam concebidos protótipos para que todas as possibilidades sejam testadas. Sentir a chegada da qualidade da sinergia, que indica o encontrar da terceira alternativa, vindo junto com a inspiração e emoção e a sensação com as quais entramos no fluxo.

Esta busca pode ser aplicada aos conflitos do mundo, à vida, às organizações, aos relacionamentos e ao exercício da liderança.

Como esta abordagem pode ser aplicada para o dia a dia dos líderes que vivenciam diversas situações junto aos seus liderados e outros níveis da hierarquia, para cima e com seus pares, ou na sua própria vida pessoal?

Estamos testemunhando no Brasil e no mundo inteiro conflitos, ações de ajuda e posicionamentos de toda ordem dos líderes das diversas instituições públicas e privadas. Mas fica evidente que uns são inspirados pelo ego e evidencia-se a baixa consciência e um pensar egoísta, muitas vezes sem focar o todo, as consequências, gerando instabilidade e mais medo.

Outros são inspirados pelo Eu Superior, cujo nível de consciência é elevado. Portanto as decisões e os posicionamentos são mais equilibrados, são pautados nos valores da essência e na autorresponsabilidade pessoal. Atuam pensando no todo e no bem comum, cuidam de dar suporte socioemocional aos liderados e seguidores, buscam a sinergia e contribuem de maneira mais efetiva com as soluções, para que saiamos desta crise fortes, empoderados e com as condições para superá-la, praticando o amor, a união e a solidariedade.

1.4.2 Compreendendo e praticando a Teoria U

A segunda contribuição, e pode ser perfeitamente aplicada a este momento, é de Otto Scharmer, com a *Teoria U*, fruto de muitas pesquisas, ações de aprendizagem e entrevistas com mais de 150 líderes. O objetivo foi encontrar cientificamente um modelo para trabalhar os processos de inovação e mudanças sistêmicas, integrando ciência, consciência e mudança social profunda. Outro aspecto contido na teoria é que, para se enfrentar crises e problemas complexos, a chave é o desenvolvimento humano, para que seja ensinado e praticado o acessar, de maneira coletiva e em grupo, a fonte interior, que é o campo das possibilidades infinitas.

É impossível continuarmos com o paradigma do modelo industrial na gestão, como estilo de liderança ou em relação ao meio ambiente, à sustentabilidade e ao destino final de resíduos e lixo tóxico.

> "Em uma época de inúmeros fracassos institucionais, uma nova consciência aliada a uma capacidade peculiar de liderança coletiva torna-se requisito essencial de sobrevivência."
> Otto Scharmer

No bojo da Teoria U, Scharmer propõe a transformação da sociedade global migrando das economias do *egossistema* para a do *ecossistema*. Nesse paradigma, encontramos um grande referencial para aprimoramento da liderança, gestão e cultura das organizações emergentes diante das turbulências provocadas pela crise e a preparação para um futuro contido no novo mundo, com mais sentido, propósito e que contemple a transição do Eu Ego para o Eu Superior, que é a fonte das possibilidades infinitas e está alinhado à inteligência universal. A consciência das ações coletivas deve ser acionada para que, de modo responsável, impacte na sociedade global e contribua para a transformação planetária e da humanidade.

Quando as pessoas, os empreendedores e os líderes atuam na vida de uma forma inconsciente e com uma visão equivocada da realidade, sustentam pontos cegos de percepção que geram mais divisões e impactos, prejudicando a sua evolução pessoal, planetária, os negócios e a humanidade como um todo, traduzidos a seguir como desconexões que não contribuem para o progresso:

1. Desconexão entre o indivíduo e o meio ambiente.
2. Desconexão entre o indivíduo e o outro por desconsideração da empatia.
3. Desconexão espiritual/cultural, em que o indivíduo inconsciente separa-se de si mesmo e, por consequência, da fonte, das infinitas possibilidades, ficando sem acesso à abundância nas diversas áreas da vida.

Reconhecemos que essas desconexões estão associadas ao nível de consciência de cada indivíduo e isso vai refletir nos diversos papéis que exerce na vida, afetando pessoas, relacionamentos, negócios e até destinos de uma nação, empresa ou instituição. Por essa razão, o despertar da consciência do líder que tem a função de influenciar e inspirar pessoas é fundamental e condição para a construção de um mundo melhor.

Reflita um pouco e verifique qual desconexão das três apontadas está mais presente no seu dia a dia e o que pode fazer de maneira consciente para revertê-la?

O que preciso fazer?

Cada desconexão simboliza um ponto cego que indica uma distorção da realidade e, por essa razão, a prática do U com suas etapas minimiza o impacto da cegueira e vai clarear porque direciona ao acesso de níveis de profundidade maiores e à compreensão dos efeitos causados pelo Eu Ego, criando as condições para alcançar o Eu Superior. Esse movimento só é possível pela prática do "presenciar", que significa entrar no campo da potencialidade infinita e encontrar novas ideias por meio da cocriação e prototipagem de soluções mais efetivas e sustentáveis.

*"Os líderes têm de lidar com seu ponto cego e deslocar o lugar
interior de si mesmo."*
Otto Scharmer

Otto Scharmer sintetiza sua teoria na figura da letra U e a prática da teoria acontece quando percorremos o U com as sete etapas, os três instrumentos, as três vozes na descida e as três vozes na subida e os três movimentos e infraestruturas, conforme figura a seguir, e que tem, em essência, o processo de conscientização das pessoas envolvidas em sua prática.

*"A qualidade dos resultados em qualquer tipo de sistema
socioeconômico é uma função da conscientização das pessoas
que operam o sistema."*
Otto Scharmer

Figura 1.1 – Diagrama holográfico da Teoria U

Fonte: a autora, com base em Scharmer (2010)

A primeira compreensão necessária sobre a teoria é a sua natureza holográfica e não pode ser compreendida com o pensamento linear. A prática da Teoria U tem como modelo os elementos que servem de pilares: os três instrumentos (mente aberta, coração aberto e vontade aberta), os três movimentos (cossentir, indo a lugares de maior potencial e observar, observar ouvindo com a mente e o coração abertos; copresenciar, experimentando a quietude individual e coletiva, abrindo-se para a Fonte mais profunda; e conectar-se com o futuro que quer emergir e cocriar com a experiência da prototipação para explorar o futuro na prática), suas sete etapas (recuperar, ver, sentir, *presencing*, cristalizar, prototipar e realizar), as três vozes da descida (voz do julgamento (VJ), voz do distanciamento (VD), voz do medo (VM)), no lado esquerdo do U, e as três vozes da subida no lado direito do U: cabeça sem mão (CAMA), coração sem cabeça (COCA), mão sem coração e conexão com a Fonte (MACF), que serão detalhados a seguir.

Podemos ainda afirmar que o processo U acompanha três grandes movimentos: "observar", "retirar-se" e "refletir", permitindo que o saber interior emerja e aja em um instante.

Os três instrumentos da Teoria U são:

- Mente aberta, em que é acionada a inteligência mental (QI), a fim de que a pessoa use raciocínio para compreender fatos e dados e "olhar com novos olhos", enxergando as infinitas possibilidades. Diante de um problema ou situação, o uso desse instrumento permite que uma análise seja feita com um nível de abertura maior com a inclusão das infinitas possibilidades de solução.

- Coração aberto, para poder sentir e acionar a inteligência emocional (QE) e seus elementos envolvendo a capacidade de sentir e entender os sentimentos próprios, tendo autocontrole sobre eles, e compreender os sentimentos dos outros, ter empatia para se colocar no lugar do outro e manter o equilíbrio e a resiliência diante das pressões externas.

- Vontade aberta, para Scharmer, é a capacidade de acessar o verdadeiro objetivo e o verdadeiro eu que traduzo como o Eu Superior. Está associada à inteligência espiritual (QS), na qual reside a intenção que é transformadora e permite entrar no campo das possibilidades infinitas com acesso à entrega, experimentando o deixar ir e deixar vir.

Esses instrumentos são essenciais para a prática da teoria e quero convidar você a fazer uma checagem de como anda o seu grau de abertura para cada instrumento. Marque o seu grau de abertura, atribuindo uma nota de 1 a 10, para cada um. Se precisar, revise o conceito definido anteriormente.

MENTE ABERTA
Nota:
O que precisa fazer para ampliar seu grau de abertura?

CORAÇÃO ABERTO
Nota:
O que precisa fazer para ampliar seu grau de abertura?

VONTADE ABERTA
Nota:
O que precisa fazer para ampliar seu grau de abertura?

Na dança do percurso do U, as fases ou etapas são vivenciadas de modo consciente e pautadas nos três instrumentos ou dimensões do ser, que associo às quatro inteligências. Sua compreensão ajudará a construir um novo modelo para mudanças, inovação e criação de um futuro que realmente se deseja.

A teoria funciona como uma "dança" que é alimentada pela observação consciente da situação. Na prática das etapas, descemos a figura do U pelo lado esquerdo, observando os padrões do passado contidos nos modelos mentais, os fatos atuais e as possibilidades que vão além do filtro interno e do ego, tudo com a mente aberta e sentindo com o coração aberto, "deixando ir".

A descida do U vai exigir o profundo trabalho de autoconsciência e de autoliderança para saber identificar e dominar os três principais inimigos que têm suas próprias vozes: a voz do *julgamento (VJ)*, que dificulta o acesso à mente aberta, pelo uso da obstinação que causa uma distorção da capacidade de realizar, restringindo essa capacidade apenas ao "seu jeito", e que provoca a desconexão com seu Eu Verdadeiro e todo o potencial criativo; a voz do *distanciamento (VD) e frieza* em relação ao outro, alimentada pelo orgulho e que nos impede de ficar em posição de vulnerabilidade vivenciando a nossa humanidade, bloqueando assim a passagem para abertura do coração, e a voz do *medo (VM)*, que nos paralisa sob diversas formas (medo de frustrações, de ser ridicularizado, da morte, de perder segurança, de não ser aceito e amado pelo outro etc.), obstruindo a passagem para a vontade aberta de conhecer a nossa verdadeira potencialidade, nos impedindo de deixar o velho e de permitir que o novo chegue e possibilite superar o medo de caminhar para o desconhecido.

Na descida, as vozes são do Eu Ego e só o trabalho de autoliderança e de autoconsciência é capaz de dar suporte às pessoas envolvidas na teoria para migrarem do egossistema para o ecossistema e contribuírem com a mudança organizacional e planetária.

1.4.2.1 As sete etapas da Teoria U

Etapa 1 – Recuperar

Repetimos padrões que nos ensinaram, ou experimentamos no passado, como verdade, e assim passam a compor as nossas crenças limitantes e se manifestam, constantemente, por meio de equívocos na percepção do mundo e dos cenários de toda ordem. Para construção de uma possibilidade futura, para solucionar um problema ou rever situações, precisamos abandonar os padrões e modelos mentais do passado, caso contrário, o nosso referencial pode ser distorcido e não se contará com o apoio da inteligência cósmica que nos sinaliza as infinitas possibilidades, por meio da criatividade, da espontaneidade e da inovação.

Dentro das organizações, são inúmeras variáveis contidas nos padrões passados provenientes das pessoas, em especial das que são líderes e que passam a fazer parte da cultura, devendo ser consideradas no momento de mudança, inovação e busca de alternativas para solucionar problemas ou resolver situações. Nessa etapa, devemos suspender o modo habitual de pensar e de perceber.

Os modelos mentais do passado funcionam como barreiras de aprendizagem para mudança e alcance de um processo disruptivo e inovador. Segundo Otto Scharmer, essas barreiras representam um nível de incoerência entre o pensar, o sentir e o agir e, se não forem identificadas de modo consciente, terão profundos reflexos dissociativos.

São quatro barreiras que surgem associando dois dos quatro elementos: o pensar, o fazer, o ver e o dizer, e cada combinação dá origem a um tipo de dissociação representada na figura a seguir:

Figura 1.2 – Barreiras que afetam a disrupção e a inovação

Fonte: a autora, com base em Scharmer (2010)

Etapa 2 – Ver

Aqui é feita uma tomada de consciência da realidade que estamos confrontando e, neste momento, o observador e o observado são confrontados e entramos no "estado de visão", saindo dos limites da organização e acessando o que está lá fora.

O estado de visão leva a um deslocamento para se ver com outros olhos e está baseado nos três princípios a seguir ilustrados:

Figura 1.3 – Os princípios do estado de visão

- Esclarecer a questão e a intenção
- Espaço para clarear todas as fontes de informação para não contaminar a intenção
- Colocar-se no contexto do outro para ter uma melhor visão
- Mover-se para os contextos que importam
- Suspender o julgamento e contemplar
- Libertar-se da prisão dos modelos mentais e contemplar um mundo que vai além e é novo

Fonte: a autora, com base em Scharmer (2010)

Nessa etapa, aparece o primeiro inimigo, que é a voz do julgamento e que deve ser cuidada, pois afeta a abertura da mente para clarear a intenção e a visão.

Etapa 3 – Sentir

É uma etapa importante para a construção coletiva, na qual as pessoas, juntas, mergulham profundamente no campo do coração aberto e do relacionamento com a inteligência emocional, acionando a verdade contida no Eu Superior, juntamente da autorresponsabilidade para interferir no sistema, e tem como consequência a mudança do padrão de energia do campo. O uso da inteligência emocional e seus pilares de autoconsciência, autocontrole e empatia, é fundamental para que o grupo consiga exercitar a abertura de coração para sentir e se relacionar com seus pares na construção coletiva.

Sabemos da importância da sinergia quando pessoas se juntam para construir algo, dialogar, cocriar e decidir. Por isso, os elementos da inteligência emocional como fonte de aprendizagem social e emocional devem ser fortemente incluídos, para que o diálogo e a conversação sejam pautados na autoconsciência e na autogestão a respeito das emoções, para serem utilizados no relacionamento baseado na empatia em que se compreende como o outro se sente e seu modo peculiar de pensar acerca do mundo e da vida, junto da habilidade social para ativar a cooperação e o trabalho em equipe. Essas competências estão presentes nos grandes líderes, profissionais de destaque dentro das organizações e times de alta performance.

Esta abordagem, atualmente, tem amparo nas pesquisas científicas, na neurociência social, com a descoberta do cérebro social, que amplia os estudos no cérebro das pessoas e passa a considerar o grande número de circuitos projetados para harmonizarmos e interagirmos com o cérebro das outras pessoas. Nessas descobertas do que acontece com o cérebro das pessoas nas relações, uma essencial é a identificação dos "neurônios espelhos", que são ativados no cérebro pelo relacionamento e impulsionados pelos movimentos do outro, suas emoções e intenções.

Com a descoberta do cérebro social, Daniel Siegel, do Mindsight Institute, na Universidade da Califórnia, em Los Angeles UCLA, deu uma grande contribuição científica com a criação de um novo campo denominado neurobiologia interpessoal. Seu trabalho define que o circuito cerebral que usamos para nos conhecer de maneira consciente e deliberada é, em grande parte, igual ao que usamos para conhecer a realidade interna do outro e ambos são atos de empatia.

Por essa razão, cada indivíduo no processo de construção coletiva e nas experiências de interação deve usar a consciência da presença, cuidando dos impactos que são causados nos estados cerebrais do outro e que podem ser positivos ou negativos. O contágio emocional precisa ser tratado nos trabalhos de grupo dentro das organizações e os líderes têm um papel fundamental, porque, pela posição de poder que ocupam, são emissores emocionais e devem acionar a autorresponsabilidade do papel que ocupam e do quanto devem ser cautelosos e conscientes com tudo que emitem e podem provocar na vida das pessoas que influenciam.

Cada membro do grupo que se forma para cocriar deve ter o reconhecimento e a conscientização da sua responsabilidade pelo contágio emocional, que acontece de maneira automática e, muitas vezes, inconsciente. O uso da inteligência emocional acionada no instrumento do coração aberto é exatamente para que a autoconsciência, a autogestão e a empatia sejam utilizadas, garantindo, assim, que o contágio emocional seja positivo e contribua com a construção coletiva pautada na cooperação, na criatividade e nas boas intenções, para realizar e concretizar soluções e ideias a partir do campo das infinitas possibilidades: a Fonte.

A etapa do sentir tem seus princípios resumidos a seguir:

Figura 1.4 – Princípios do sentir

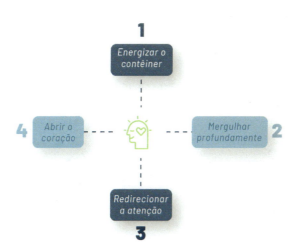

Fonte: a autora, com base em Scharmer (2010)

Os princípios desta etapa do sentir são decisivos para acesso ao campo coletivo do cossentir ou sentir junto e o *primeiro princípio* é iniciado com a energização do contêiner, que será o "vaso" ou espaço com todas as condições e materiais necessários, a fim de que tudo seja criado intencionalmente para que tudo aconteça, incluindo as definições dos papéis, os recursos visuais, os equipamentos, os lanches, o uso de *post-it*, papel cartão etc., e mais, a clareza do objetivo.

O segundo princípio está relacionado com o mergulhar profundamente, e aqui se abre espaço para o sentir e o cossentir, com o exercício da inteligência emocional para praticar a empatia, indo para uma integração, tornando-se "um" com "ele", se for o cliente, fornecedor ou outro *stakeholder*. Com esse princípio, cada participante deve entrar na experiência sentida com a sensibilidade do coração aberto.

O *terceiro princípio* vai redirecionar a atenção, lembrando que ela está associada ao foco para gerar resultados. Com o mergulho profundo nas experiências e penetrando no campo delas, as associações vão sendo feitas para facilitar a compreensão coletiva e os participantes começam a sentir-se parte do sistema. A conexão com o campo leva ao sentimento de pertencimento ao sistema.

O *quarto princípio* envolve a abertura literal do coração para ampliar a percepção emocional. As pesquisas apontam para uma "inteligência do coração" e que ele é responsável pela decodificação das informações intuitivas. Os pesquisadores Bruce e Doc Childre, do Institute of HeartMath, obtiveram grande reconhecimento por utilizarem o poder da conexão coração-cérebro para efeitos na melhoria da produtividade individual no trabalho e, ao mesmo tempo, como redução do stress. Eles realizam treinamento para empresas que fazem parte do Fortune 100, hospitais, empresas, academias de polícia e escolas, e os resultados são surpreendentes, entre eles a retenção de funcionários, a redução de custos com a saúde e o melhor desempenho, tanto na criatividade quanto na produtividade.

O coração afeta a função cerebral eletrônica, bioquímica e biologicamente, por essa razão, as evidências apontam que ele realmente é um sistema inteligente e precisa ser incluído em qualquer inciativa de realização para ser integrado com o pensamento e a execução. Apenas aqueles conscientes de que os sentimentos são ferramentas de um atributo divino que é o amor e de que todo ser humano possui esse tesouro que contém uma energia poderosa, revolucionária e transformadora é que passam a compreender que o coração abriga esse poder. Como o coração é um centro de energia que tem a função de ligar os centros de energia relacionados ao fazer e criar aqueles outros associados à fala, à visão mais profunda e à transcendência do ser, exerce esse papel tão importante.

Etapa 4 – *Presencing*

É uma combinação da experiência de sentir e de presenciar, significando o acesso à Fonte, que é o campo das infinitas possibilidades, a fim de criar o futuro que se deseja para que sejam geradas as condições de realização. É nessa conexão que o contato é feito com a essência do Ser e seu verdadeiro eu, a partir do futuro emergente.

Chegar ao fundo do U e viver o ato de presenciar é o mesmo que passar pelo "buraco da agulha", porque significa o grande desafio a ser ultrapassado, respondendo a questões existenciais de "quem eu sou?", "qual o meu trabalho e qual o meu papel na construção do futuro?", "qual o meu propósito?". É abrir mão do Eu Ego e deixar manifestar o Eu Superior, que é verdadeiro e autêntico e a Fonte de possibilidades ilimitadas, que pode nos guiar, nos inspirar pela conexão com a inteligência cósmica, que é o campo da potencialidade pura.

Passamos pela presença no fundo do U com toda a profundidade da intenção e da atenção, acionando a vontade aberta da nossa essência e do nosso propósito individual e coletivo. Subimos pelo lado direito do U, "deixando vir", para prototipar e materializar a solução com clareza e intenção, a partir do silêncio e do contato com a Fonte pelo ato de presenciar, caminhando em direção à realização por meio do protótipo que vai traduzir as novas visões criadas coletivamente, para receber *feedback* visando a melhorias e ajustes.

Falar de presença para resolver problemas complexos significa fazer contato com duas qualidades profundas da consciência: a atenção e a intenção, pois vale a pena entender o conceito com a mente, com o coração e com a dimensão mais profunda do ser, que é eterna, imaterial e ilimitada:

- ATENÇÃO *serve para energizar, concentrar a mente e ter foco para agir e direcionar o que se deseja;*
- INTENÇÃO, *que é a motivação, disposição, dedicação e vontade para organizar e realizar algo. Quando combinada com a atenção, entra no campo da potencialidade e da organização infinita e tem o poder transformador. Do ponto de vista da Filosofia, intenção é dedicação da alma a um material de conhecimento ou sabedoria.*

Em síntese, podemos dizer que a atenção energiza e a intenção transforma e que tudo aquilo que dedicamos com atenção tem resultados ampliados e efetivos, e quando a intenção é objeto da atenção, criamos as condições de abundância e de alinhamento com o campo da potencialidade pura, que dará o suporte ao resultado ou à solução almejada.

Este campo do *presencing* tem uma estrutura própria e contempla **três tipos de presença:** a presença do passado contida no campo atual, a presença do futuro emergente e a presença do nosso verdadeiro eu, distanciado do Eu Ego. Quando essas três presenças são alinhadas ou mescladas, experimentamos algo novo com um deslocamento profundo, gerando mudança no campo e no lugar em que atuamos, fazemos, pensamos, vemos e sentimos.

Experimentar a *"presença"* para solucionar problemas é entrar no campo da potencialidade pura e das infinitas possibilidades e tudo começa com o pensamento, por esta razão: a mente precisa ficar aberta, com pensamentos claros e livres de crenças limitantes e é seguida pela intenção, com um entendimento claro da situação e do resultado desejado para caminhar em direção à solução recheada de integridade e que não cause prejuízo para ninguém. Em seguida, entra a atenção, para construir o protótipo e caminhar em direção à realização com as práticas de infraestruturas.

A presença é uma experiência inovadora com profundidade pelo uso da consciência em diversos níveis de aplicação para organizações de qualquer segmento ou grupos. Como as instituições são formadas por pessoas, os conceitos da Teoria U, e em especial o ato de presenciar, podem também ser aplicados para o indivíduo que assume a autorresponsabilidade e o comando da sua vida, para que amplie a visão da realidade e da sua percepção do mundo.

Entrar no campo da presença significa entrar em níveis mais profundos de consciência e a sutileza surge nos diálogos e nas conversações conectando-se com a mente, o coração e a alma do outro, para, juntos, acionarem a criatividade, a espontaneidade e as duas qualidades do Eu Superior: a intenção e a atenção.

Por essa razão, para facilitar que as pessoas saiam do Eu Ego para o Eu Superior e alcancem o Eu Cósmico e a inteligência do universo, que só é possível em um espaço de silêncio e conexão com a Fonte, a presença tem seus princípios norteadores ilustrados e descritos a seguir:

Figura 1.5 – Princípios do *presencing*

Fonte: a autora, com base em Scharmer (2010)

A prática dos princípios sempre será de dentro para fora, a partir do Eu Superior dotado da consciência. Por isso, a tríade existencial com as quatro dimensões está no centro, representando o indivíduo como um ser integral e que tem uma dimensão física, mental, emocional e espiritual.

O ego estruturado e positivo ajuda a fazer esse percurso e permite que a essência do ser se manifeste, ficando a serviço do Eu Superior e não ao contrário.

O ato de presenciar leva as pessoas ao lugar de silêncio e as ajuda a relembrar quem realmente são e a sua verdadeira natureza. Assim terão a capacidade de compreender que somos interconectados com a Fonte e com o poder criativo do universo. É nesse momento de profunda integração com a Fonte que se torna possível cruzar a fronteira entre o Eu Ego e o Verdadeiro Eu, ampliando a capacidade de inovar e criar a partir desse nível de consciência.

Princípio 1 – Deixar ir e render-se

Este princípio aborda o limiar entre o controle do Eu Ego e o Eu Superior que se manifesta no silêncio. Significa abrir mão do conhecido e do velho para viver o novo que está para vir proveniente da Fonte, que é um potencial imenso e nos conecta com o campo das infinitas possibilidades e alternativas.

Deixar ir nos leva a duas faces, o deixar ir pela remoção de todas as barreiras contidas nas nossas percepções equivocadas e tudo que se enquadrava como lixo interno e que estavam contidas no início do processo na Etapa 1, rendendo-se ao novo e ao que emergiu na observação e no aprofundamento do ver e sentir das etapas 2 e 3 de descida do U.

Princípio 2 – Inversão: atravessando o buraco da agulha

É quando acontece a virada de chave em que uma pessoa ou um grupo literalmente atravessa o "fundo da agulha" e começa a fazer contato com a Fonte e o campo emergente. Nesse momento, tudo que não é essencial e que é alimentado pelo Eu Ego "deve ir" e uma nova perspectiva de visão aparece com mais clareza, porque é inspirada pelo Eu Superior, com toda sua autenticidade e verdade.

Princípio 3 – Nascer de uma presença maior (autêntica) e do Eu

Quando se tem a chance de fazer contato com a Fonte, alinhar-se com a inteligência universal e compreender sua linguagem e sua comunicação. Esta é a inteligência espiritual que representa a vontade aberta, um lugar de profunda sabedoria, poder e amor e o contato com o nosso verdadeiro eu, a nossa essência.

Princípio 4 – O poder do lugar (criando um espaço que facilite o acesso à Fonte)

O *presencing* acontece em um espaço onde as pessoas possam praticar alguns valores e algumas atitudes que contribuam para manter o padrão elevado da Fonte, com um nível de energia alimentada pelo amor. Neste espaço, as vozes dos principais inimigos foram trabalhadas nas etapas 1, 2 e 3 de descida do U.

São três as condições que ajudam na prática desta etapa:

1. Testemunho incondicional ou nenhum julgamento.
2. Amor incondicional, deixando o outro ser o que ele é e aceitando-o assim.
3. Sustentar a visão do Eu Superior, a nossa essência, sem os truques do Eu Ego.

A busca desse lugar profundo deve ser para ajudar pessoas, grupos e organizações a acessarem essa dimensão espiritual e autêntica do Eu, para que se possa construir um futuro melhor, mais consciente e pautado nos valores da essência, com muito mais liberdade e sem manipulações e com uma grande conexão com a Fonte, que é traduzida por outros nomes, como Deus, Poder Superior, Universo, Espírito Santo, O Grande Espírito, Cristo, Brahma, Alá ou estado natural, de acordo com cada tradição. Uma coisa é comum em todas elas, buscam traduzir o estado mais profundo do ser em contato com a sua verdadeira identidade e que pode ser experienciado individualmente e coletivamente pela expansão de consciência.

"Quando entramos neste estado mais profundo do ser – como indivíduos e como comunidades, entramos em um estado de liberdade fundamental e capacidade de criar."
Otto Scharmer

Vimos a importância de entrarmos neste estado de presença e fazermos contato com a Fonte. Mas fica a grande questão: como fazer isso se não fomos treinados pela nossa educação formal para chegar a esse campo que pode ser acessado por meio da inteligência espiritual?

Devemos reconhecer que a comunicação com a Fonte depende de conexão e silêncio, e se não ficarmos atentos ao barulho do ego, aos pensamentos e às crenças errôneas e à linguagem das emoções, teremos dificuldades de acessá-la. Algumas características são essenciais para facilitar a comunicação e penetrarmos no campo da potencialidade pura e das infinitas possibilidades e conseguirmos compreender a linguagem do universo e sua inteligência.

Essas características são resumidas na figura a seguir:

Figura 1.6 – Características principais para acessos à Fonte

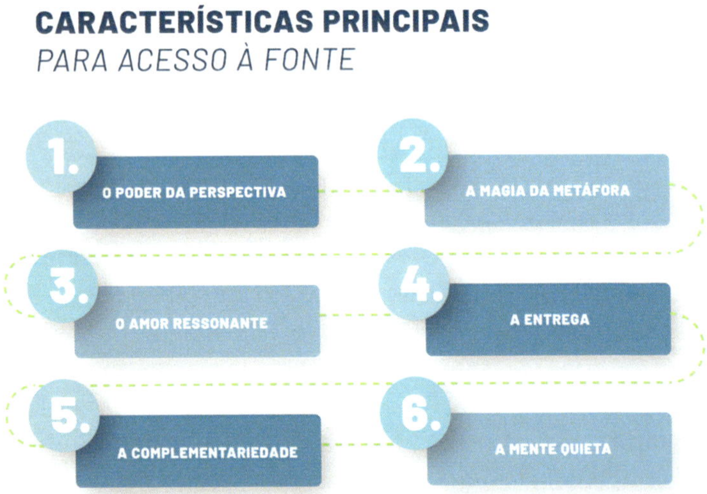

CARACTERÍSTICAS PRINCIPAIS
PARA ACESSO À FONTE

1. O PODER DA PERSPECTIVA
2. A MAGIA DA METÁFORA
3. O AMOR RESSONANTE
4. A ENTREGA
5. A COMPLEMENTARIEDADE
6. A MENTE QUIETA

Fonte: a autora, com base em Jaworski (2014)

O poder da perspectiva

Por meio da liberação da voz do julgamento e do abandono dos antigos modelos mentais, conseguimos abrir espaços para alternativas e para outras possibilidades de percepção. Essa característica requer um forte ato de vontade para abrir mão do sistema de crenças tradicionais de massa que nos movem ou já nos moveram e que interferem na construção coletiva e na nossa vida pessoal.

A magia da metáfora

Recorrer a metáforas como forma de imaginar novos cenários de possibilidades para facilitar a alteração de um contexto percebido, relativo a um tema, um problema ou uma tarefa que está sendo trabalhada, entrando em um campo de novas alternativas possíveis para algo que seria impossível e cheio de limitações.

O amor ressonante

Esta prática nos leva a uma interação de conexão com o outro, colocando-nos na condição de servir, de autossacrifício e de amor, experimentando a unidade com o outro, em que dois "eus" separados se relacionam empaticamente e compreendem um "nós" compartilhado para intervir na percepção e na interpretação da realidade. Assim, fortalece-se o diálogo com a Fonte, ensejando uma grande probabilidade de surgirem ideias e eventos conectados com a ela e que possam ser materializados nas etapas seguintes do processo do U.

A entrega

É um exercício de sabedoria para aprendermos a conviver e confiar na incerteza e em todo o nosso potencial criativo como expressão viva do universo abundante e da Fonte para inovar, empreender e encontrar novas soluções e alternativas. A entrega está associada ao desapego, que é uma Lei Universal, e podemos deixá-la fluir entrando no fluxo e entregando tudo à inteligência e à sabedoria do universo, que tem a função de cuidar dos detalhes.

A complementariedade

No ato de presenciar e fazer contato com a Fonte na base do U, o indivíduo ou um grupo participante precisa ter clareza da intenção e se ela está motivada pelo Eu Ego ou pelo Eu Superior. O processo de descida do U serve para que possíveis interferências das vozes do julgamento, do distanciamento e do medo sejam trabalhadas, para que a intenção seja clara e possa realmente manifestar uma nova realidade conectada com a Fonte e tenha a disposição para essa manifestação. Nessa comunicação com a fonte, dar-se-á a complementariedade, escutando a voz do Eu Superior e não mais a do Eu Ego.

A mente quieta

O barulho da mente precisa ser silenciado para que possamos escutar e sintonizar a voz da Fonte e facilitar a percepção e a troca de informações. A meditação, a prática de Yoga e tantas outras práticas podem ser utilizadas para isso.

Como os pensamentos criam o tempo inteiro e muitos deles estão confusos e contaminados por crenças limitantes e por sentimentos destrutivos não identificados, não trabalhados e não processados, o resultado é que estamos criando no meio dessa confusão, e muitas vezes tem sido uma criação negativa, porém inconsciente. Isso gera uma vida sem paz, com muita ansiedade, baixo nível de desempenho e pouca autorrealização.

Meditar é criar, e se você puder criar de forma consciente?

Esta é a proposta do Pathwork®, uma profunda metodologia de autoconhecimento que embasa meu trabalho pessoal e profissional. Para criar de maneira consciente, o que vai ajudar é a prática de uma meditação que conduza você a ter pensamentos claros e objetivos com sentimentos experimentados, não importando a qualificação que você aprendeu como bons ou ruins, garantindo a busca da verdade honesta pela experiência viva em você, usando seus recursos internos dos atributos de Poder, Amor e Sabedoria para compreender, transformar e purificar.

A meditação leva você a um processo criativo, considerando que dentro de você existe uma substância criativa de alto grau e está contida no seu Eu Superior. Se você recorre à sua consciência, a intenção e a produção dos seus pensamentos, o sentir das suas emoções, palavras e ações serão expressos e moldados a partir dessa substância e este é o grande ato criativo produzido conscientemente por você.

Segundo a palestra do Pathwork® número 194 – Meditação: suas leis e suas diversas abordagens –, em resumo, a meditação é criação consciente e deliberada. É um dos atos mais dinâmicos e criativos que podemos imaginar. O homem cria constantemente, saiba ele disso ou não. Ele cria pelo que ele é, pela soma total de seus sentimentos, de suas opiniões conscientes e inconscientes e de suas convicções; por seus conceitos que determinam suas ações e reações, por suas metas e atitudes. Cada pensamento é uma criação e tem suas consequências. Provoca um resultado específico que expressa esse pensamento.

Segundo o Pathwork®, existem quatro fases na meditação:

1. *Conceito:* usar a mente consciente para formular a intenção e expressar sua vontade de maneira clara, objetiva, afirmativa da temática conflituosa ou algo que está bloqueando sua autorrealização. Aqui o trabalho de autoliderança precisa ser intensificado para eliminar as suas próprias obstruções, identificando o que no seu jeito de ser pode estar sendo um obstáculo para a realização do que você quer e deseja.

2. *Impressão e permissão da impressão:* após ter definido a meta, o desejo ou o aspecto a ser trabalhado na meditação, com checagem quanto à existência de algum conflito entre o consciente e o inconsciente, é hora de imprimir (princípio ativo), colocando bem profundamente como uma semente dentro de você, e deixar ser impressa (princípio receptivo) ou plantada a meta, que vai germinar. Este é um nível bem subjetivo e que precisa de uma dose de paciência para experimentar esse momento de germinação da nova criação desejada e crescer a semente em você. Respirar,

nessa fase, ajuda muito, aguarde o que o processo criativo quer lhe oferecer como resposta, que pode ser diferente do que imaginava.

3. *Visualização:* significa aqui conceber e sentir-se no estado desejado, considerando uma possibilidade. Se tiver dificuldade de visualizar essa possibilidade, observe esse sinal de bloqueio interno que está dificultando a impressão, precisando de um trabalho nesse tema, eliminando suas dificuldades, crenças e tudo que está atrapalhando seu processo criativo, pois a meditação precisa usar inicialmente a mente consciente com pensamentos para ajudar a materializar o desejo.

4. *Fé*: você precisa acreditar no que deseja e não ter nenhuma dúvida.

A partir da presença, iniciamos a preparação para a subida do processo U. Relembrando que ao descermos o U, deparamo-nos com as vozes dos inimigos interiores: voz do julgamento (VJ), voz do distanciamento (VD) e voz do medo (VM). Na descida, temos uma grande tarefa de permitir um nível de abertura para aprendermos a lidar com a resistência do pensamento alimentada pelos padrões do passado, pelas crenças limitantes e pelos modelos mentais depositados no subconsciente, lidar com as emoções e com a vontade.

Para subirmos o U, a principal virtude é a integração entre a cabeça, o coração, as mãos, a intuição e a intenção, pelo uso das quatro inteligências: física, mental, emocional e espiritual.

Por outro lado, na subida aparecem outros inimigos associados às velhas práticas e que podem interferir nos resultados e na inovação almejada; eles têm suas próprias vozes:

1. Pensa muito e não faz.
2. Sente muito e não parte para a ação.
3. Age muito, sem coração e sem conexão com a Fonte.

Os três inimigos da subida têm algo em comum, que é: em vez de equilibrar cabeça, coração, mãos e conexão com a Fonte, predomina um deles de maneira distorcida. Ao predominar a cabeça, que vamos abreviar para CA, aparecem as reflexões inacabáveis sem ação/fazer, que vamos associar às mãos (MA), ficando representado na figura do U por (CAMA); só o coração (CO) sente muito e não usa a cabeça (CA) por (COCA) ou muita ação (MA) sem coração (CO) e sem conexão com a Fonte (CF), por (MACF).

Os inimigos da descida e os da subida devem ser objeto de atenção e nisso o uso da consciência e das quatro inteligências será fundamental, lembrando que as vozes da subida estão assim relacionadas com as quatro inteligências: a física (QF), a nossa capacidade de realização e vontade de fazer representada pelas mãos; a mental (QI), que nos possibilita raciocinar, pensar e decidir; a emocional (QE), capacidade relacional e de reconhecer nossos sentimentos e do outro; e a espiritual (QS), que nos conecta com a nossa essência e o verdadeiro Eu.

A figura a seguir, que denomino tríade existencial, traz as quatro dimensões integradas do ser, física, mental, emocional e espiritual, que se manifestam nas quatro inteligências e nos colocam em contato com o mundo. Trazer a consciência para dirigir a nossa vida é a maior tarefa que temos na existência e nosso maior propósito. É através da consciência que podemos ultrapassar os limites do Eu Ego e ir em direção ao Eu Superior ou verdadeiro e, assim, caminharmos do egossistema para o ecossistema.

Figura 1.7 – A tríade existencial

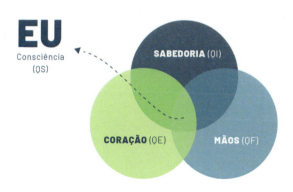

Fonte: a autora, 2020

A subida do U tem uma grande virtude de integração e é uma condição essencial na construção coletiva, somada à consciência para sustentar e cristalizar a visão e a intenção vindas de uma profunda reflexão no espaço de silêncio do ato de presenciar, preparando o terreno para o processo de prototipagem, teste e a última etapa da realização. Por essa razão, as dimensões associadas às inteligências física (QF), mental (QI), emocional (QE) e espiritual (QS) precisam se equilibrar e serem usadas de maneira madura e sem distorções, pois quando se dá mais atenção a uma em detrimento da outra, o processo de finalização e de cocriação é afetado.

Etapa 5 – Cristalizar

Esta etapa acontece após a prática da presença, que é a base do processo U, em que realmente acontece a conexão com a Fonte mais profunda e que habita nossa essência, o Eu Verdadeiro ou Superior e a grande fonte do conhecimento que contém os três atributos divinos: sabedoria, poder e amor.

É esse contato com a Fonte que nos permite acessar a inteligência universal e sintonizar com as futuras possibilidades emergentes usando o planejamento, a prototipagem e a verdadeira personificação do novo criado, a partir da intenção consciente.

A primeira etapa da haste direita do U é a cristalização, que significa esclarecer a visão e a intenção trabalhadas de maneira consciente na "presença", a partir de um lugar mais profundo de silêncio, em que o Eu Ego não aplica seus truques e suas vozes. Essa é a grande diferença em relação à imaginação, que pode ser influenciada com as "coisas do Ego".

Após a presença, as pessoas participantes do processo do U estão prontas para colocar a serviço o seu potencial individual e coletivo, e a cristalização é que tem essa função de colocar, em uma linguagem mais clara, a intenção e a visão a partir de um desejo consciente, o que vai facilitar o processo criativo e a sua materialização.

A prática da cristalização é sustentada em quatro princípios a seguir resumidos:

1. Poder da intenção

Relembrando, a intenção está associada à disposição, à vontade e, filosoficamente, significa dedicação da alma a um material de conhecimento e sabedoria de realizar algo. Como a presença é acesso à fonte e conexão com a inteligência universal, que é ilimitada e um campo das infinitas possibilidades, quando intencionamos ou queremos criar a partir desse ponto de consciência alimentada pelo Eu Superior e não pelo Eu Ego, contamos com a abundância, que é um direito de todos nós. Assim, passamos a compreender a necessidade de presenciar como requisito para cristalizar a intenção.

2. Deixar vir

Significa abrir mão de padrões antigos pertencentes a modelos mentais que não contribuem para o novo que se deseja criar e realizar. Para tanto, é necessário deixar ir algo velho para dar espaço para o novo.

3. Grande vontade

Todos têm um nível de vontade mais profunda contida na essência do Eu Superior, abrindo mão da vontade do Eu Ego com a prática do esvaziamento, feito na descida do U.

4. Ambiente do despertar

É preciso criar um ambiente propício para que seja despertada a criação coletiva e a cristalização aconteça.

O diagrama a seguir apresenta a integração dos quatro princípios da cristalização a partir da fonte acessada com o ato de "presenciar".

Figura 1.8 – A cristalização e seus princípios

Fonte: a autora, com base em Scharmer (2010)

Etapa 6 - Prototipar

Após a prática da etapa de presenciar em conexão com a Fonte e esclarecidos a intenção e o sentido do futuro que quer emergir pela etapa da cristalização, é hora de explorar esse futuro corporificando por meio de um protótipo que significa um modelo fruto de uma ideia e de uma intuição, que não está totalmente pronto, serve como aprendizado coletivo e pode ser ajustado pelos *feedback*s e sugestões dos stakeholders.

Sabemos que o protótipo é um ato criativo para inovar e fortemente utilizado por *designers*, para facilitar experimentos em ciclos acelerados. Esta etapa significa também criar as condições a fim de que aquilo que foi intencionado em contato com a Fonte e alimentado pela intuição seja materializado de modo simples e ágil.

Para prototipar com eficácia, devemos acionar as quatro inteligências: física, com uso das mãos alimentadas pela vontade de realizar; mental, para pensar, raciocinar e decidir; emocional, para sentir; e a espiritual, que acessa a intenção e a intuição do seu Eu Superior, conectado com a sabedoria da Fonte e com a inteligência universal.

A prototipagem requer infraestrutura para revisão do modelo concebido em função dos *feedback*s dos stakeholders e o despertar com o aprendizado de ciclos rápidos, inerente ao processo de experimentação. Por essa razão, tem seus princípios, conforme figura a seguir:

Figura 1.9 – Os princípios da prototipagem

Fonte: a autora, com base em Scharmer (2010)

Princípio 1 – Conexão com a inspiração

A conexão vivenciada deve ser sustentada de modo constante com a centelha inspiradora do futuro. É um contato permanente com a intenção mais profunda e que precisa de aquietamento e silêncio da mente.

Princípio 2 – Dialogue com o universo

Significa nos mantermos em contato com a intenção e confiarmos na inteligência universal que cuidará dos detalhes.

Princípio 3 – Apresente o protótipo, mesmo inacabado

O primeiro protótipo deve ser apresentado com agilidade, para que se obtenha o *feedback* dos stakeholders e possa ser concluído com ajustes e aprendizado.

Princípio 4 – Facilite a germinação do protótipo

É preciso garantir que os protótipos sejam protegidos, alimentados, que contem com a colaboração da organização para serem testados e com uma infraestrutura interna adequada.

Etapa 7 – Realizar

Esta etapa significa também criar as condições para que aquilo que foi intencionado em contato com a Fonte e prototipado com os ajustes se desenvolva em um ecossistema mais amplo e para que o egossistema não o "engula" e dificulte a sua sustentação e sobrevivência. Esse filhote que acaba de nascer de maneira cocriada necessita de cuidados e de uma infraestrutura organizacional que o absorva.

A etapa tem seus princípios como pilares e considera três contextos externos: sociedade civil, governo e negócios, com suas interfaces e três dimensões internas (cliente, suprimentos e inovação), que mapeiam os principais desafios vividos por qualquer organização. As organizações vivem interagindo com esses contextos externos e atuando nos seus contextos internos associados à entrega ao cliente dentro de uma proposta de valor, à produção ou suprimentos para dar suporte à entrega de maneira eficiente e à inovação na busca de melhoria do desempenho como fonte de aprendizagem. A tríade de contextos externos e a de contextos internos são resumidas a seguir:

Figura 1.10 – Tríade da Ecologia Institucional

Fonte: Scharmer (2010, p. 171)

Toda organização vive essa complexidade e multiplicidade de contextos, e para funcionar de maneira sinérgica, a rede de relações deve ser alimentada e cuidadosamente apreciada. Na compreensão dos princípios, vamos entender que os desafios de gestão que as organizações vivem independem do tipo de produto, serviço e objetivo. O eixo horizontal, denominado "cadeia de demanda de suprimento", está focado em proporcionar condições na criação de valor para o cliente, mantendo a singularidade e a relevância organizacional que justifiquem a escolha do cliente em relação aos concorrentes.

O eixo na vertical, denominado "inovação e aprendizagem", representa o quanto a organização que pratica a Teoria U aprende e inova com a mudança implantada.

Com a prática dos princípios da realização, surge uma nova ecologia institucional mais holística, com uma estratégia de atuação pensada de forma diferenciada e integral. Por esta razão, a organização ficará atenta e consciente em relação ao contexto social e ecológico que deve ser integrado ao contexto interno de desempenho criado e ao externo.

Quando a empresa busca a criação de valor e um processo de mudança, três forças aparecem para impulsionar a mudança:

1. Integração sistêmica como necessidade para trabalhar o todo.

2. Inovar criando valor com os mesmos recursos existentes, aplicando aqui o velho e o novo Princípio de Pareto 80/20, fazer mais com menos. O eixo vertical é acionado para que a infraestrutura interna se mobilize para criar, inovar aprender.

3. Aqui registro uma frase de Peter Senge que leva a uma grande reflexão:

> "Nas organizações que aprendem as pessoas expandem continuamente sua capacidade de criar resultados que elas realmente desejam, onde maneiras novas e expansivas de pensar são encorajadas, onde a aspiração coletiva é livre, e onde as pessoas estão constantemente aprendendo a aprender coletivamente."

As pessoas envolvidas na mudança passam a se relacionar com o sistema envolvente que está sendo impactado pela mudança, começam a ver sentido no que fazem e isso motiva e gera engajamento. A conexão com a Fonte e o acesso à intenção e atenção certas podem se tornar uma força diferenciada no campo e gerar impactos em outras pessoas, pela energia motivadora que transmite.

1.4.2.2 As chaves, os movimentos da Teoria U e a consciência

Para finalizar sobre a Teoria U, algumas chaves são essenciais:

Exercício de uma prática de liderança que integre os três instrumentos (mente aberta, coração aberto e vontade aberta), que fazem parte da tríade existencial com os três atributos e inteligências associadas: sabedoria, com as ferramentas dos pensamento que corresponde à mente aberta; o poder de realizar, associado à inteligência física do fazer, que representa a vontade aberta, também associada à inteligência espiritual, que leva à conexão com a Fonte e o amor, com as ferramentas da emoção, contidas na inteligência emocional e que corresponde ao coração aberto. A inteligência espiritual é a capacidade de o indivíduo fazer seu caminho pessoal de autoliderança e conexão com sua essência e seu verdadeiro Eu, dotado de consciência e que só é alcançado por meio da presença e no lugar de silêncio, sem o barulho da mente. Por essa razão, fica no centro e na interseção dos três atributos, conforme figura 1.7.

A ferramenta mais importante da liderança é seu Eu e este precisa entrar em harmonia com a comunidade em que está inserido para construção de resultados coletivos, a partir do Eu Superior e não do Eu Ego. O relacionamento consciente é um aspecto decisivo na prática da Teoria U.

O trabalho de autoconsciência e autoliderança fará com que o líder identifique e domine os três principais inimigos da descida: o julgamento, que dificulta o acesso à mente aberta; o distanciamento e a frieza em relação ao outro, alimentados pelo orgulho, que nos impede de ficar em posição de vulnerabilidade, vivenciando a nossa humanidade e bloqueia, assim, a passagem por meio do coração, e pelo medo, que nos paralisa sob diversas formas, afetando a passagem para a vontade aberta de conhecer a nossa verdadeira identidade que ainda é desconhecida. Durante a subida do U, o líder vai encontrar inimigos que devem ser combatidos, quando usados em distorção.

O U não é um processo mecânico e linear, mas sim profundo e holográfico. Os três instrumentos, os três movimentos e as sete etapas funcionam o tempo todo e em cada situação, o observar e sentir leva a um nível mais profundo, integrando as inteligências com ação para alcance do resultado ou solução almejada.

Para Scharmer, precisamos afinar os três instrumentos de que já dispomos para desenvolver uma nova tecnologia social em que a participação dos líderes com um nível de consciência mais profundo será fundamental. Esse nível de consciência envolve uma mudança de percepção de si mesmo, do mundo e de suas conexões, indo ao interior da liderança, que denomino autoliderança. Aqui o meu coração aquieta e sinto-me alinhada com uma teoria fundamentada em estudos e pesquisas e que inclui várias dimensões do ser, as capacidades ou inteligência, mediante o uso dos três instrumentos.

Liderar aprendendo com a construção coletiva e compartilhada exige consciência e humildade para aceitar e respeitar os posicionamentos e valores do outro que participa com sua opinião, sua experiência e seu talento. Relembrando que, na prática da Teoria U, o exercício da "presença" é considerado o "propósito do ser humano e o campo do futuro", sendo definida como *atenção plena e consciência*, somada ao ato de ouvir com intensidade, respeitando os conceitos para dar sentido às coisas.

Relembrando e resumindo o que foi visto e sentido até aqui, somado ao desejo de todos aqueles que alcançaram um nível de consciência mais elevado por uma experiência planetária de bem-estar, harmonia, realização e felicidade, fica ainda a grande pergunta:

Como a Teoria U vai ajudar pessoas e organizações públicas, privadas e o terceiro setor a atravessarem a crise da pandemia e os desafios no século XXI e serem protagonistas de uma nova civilização?

A Teoria U nos ensina os três grandes movimentos de observar, refletir e agir rapidamente. Acrescento que todos esses movimentos sempre serão feitos por pessoas, e estas devem acionar a consciência a partir da tríade existencial, conforme figura a seguir:

Figura 1.11 – Os movimentos da Teoria U e a consciência

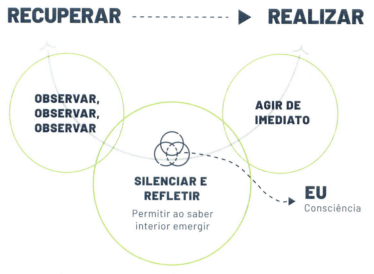

Fonte: a autora, com base em Scharmer (2010)

1.4.2.3 Pontos de atenção e intenção na implantação da Teoria U

Diante da preciosidade da teoria, fica o convite para a ação na implantação da jornada com um "como", a seguir relacionado, que pode ser aplicado na sua vida e na organização em que atua:

1. Identifique qual o desafio que precisa resolver e que pode ser trabalhado coletivamente com as pessoas.

2. Acredite na necessidade de despertar a consciência para a mudança de mentalidade do egossistema para o ecossistema (pensa no todo de modo consciente) e estimule os envolvidos.

3. Pratique a jornada do U com seus elementos descritos anteriormente, reconhecendo que a qualidade dos resultados depende das pessoas envolvidas e que devem ser despertadas pela consciência do seu Eu Superior, dotado de um grande potencial de realização pelo uso da atenção e da intenção.

4. Compreenda a necessidade de que precisamos iluminar nossos pontos cegos como líder ou organização, setor, segmento etc., e entender que clarear os pontos cegos é saber de onde estão vindo a atenção e a intenção, se do Eu Ego ou do Eu Superior.

5. Use a mentalidade de um cientista com coleta de dados, testagem e aprendizado com a experiência.

6. Exercite o trabalho de caminhar com as pessoas para viverem a transição da jornada do EU para o NÓS, pelo uso da autoconsciência e da autoliderança.

7. Viva a espiritualidade dentro da organização como caminho de conexão com a Fonte, que é o campo unificado e contém as infinitas possibilidades que podem gerar abundância.

8. Admita a visão do homem integral com suas quatro dimensões e inteligências: física, mental, emocional e espiritual.

9. Implante e capacite a organização para uma nova "tecnologia de liderança" que vive o foco triplo de conexão: com o cenário externo global (socioeconômico, ambiental, empresarial, governamental), consigo mesmo (saindo do Eu Ego para Eu Superior) e no relacionamento com as pessoas e os sistemas (a partir da empatia, concentrando-se nos três instrumentos de mente aberta, coração aberto e vontade aberta).

10. Aprenda a lidar com as vozes da descida (julgamento, distanciamento e medo) e da subida (integrando cabeça, coração e mãos), a partir da consciência, para enfrentar e transformar com sabedoria os inimigos.

11. Pratique a presença, experimentando o espaço de silêncio para possibilitar a cocriação a partir de um nível mais profundo de humanidade e intenção.

12. Desperte para a disrupção estratégica, por meio da experiência da jornada do U, observando os padrões do passado, consciente de que é possível liderar um futuro que vai emergir.

13. Pratique uma visão do todo como um cidadão planetário consciente e contribua com a cura da situação atual que vem impactando o meio ambiente (eu e o planeta), o sistema social (eu e o outro) e o espiritual cultural (eu e minha essência ou Eu Superior).

14. Lidere sua vida e a organização com um olhar holístico para protagonizar sua transformação de dentro para fora e contribuir como agente para um mundo melhor.

15. Abra mão do passado e lidere a sua transformação pessoal, relacional, institucional e atue na vida com consciência a partir de futuro que emerge.

1.4.3 Inovar a partir de uma Proposta de Valor

A *terceira contribuição* é a de inovar a partir de uma Proposta de Valor, com criação e produtos ou serviços que atendam às dores ou necessidades dos clientes.

O livro *Modelo de Negócios BMG*, de Alex Osterwalder e Yves Pigneur, traz uma ferramenta incrível de uma página, o Canvas, que vem sendo utilizado no mundo inteiro, como um processo de cocriação, participação e envolvimento, recorrendo também ao *design thinking*. O modelo tem como proposta experimentar a inovação, criando valor e aprendendo a aprimorar ou transformar a organização e os líderes que precisam enxergar suas unidades de atuação como negócios que geram resultados, agregando valor para clientes internos e externos, usando sempre a empatia e a humildade para fazer construções coletivas, trabalhando com nove elementos do Canvas: Proposta de Valor, Segmento de Clientes, Canais, Relacionamento com o Cliente, Fontes de Receita, Recursos Principais, Atividades-Chaves, Parcerias Principais e Estrutura de Custo.

Este conceito foi aprofundado no livro *Value Proposition Design*, de Alex Osterwalder, Yves Pigneur, Greg Bernarda e Alan Smith, como uma metodologia para criar proposta de valor como pilar de qualquer definição estratégica.

Primeiro vamos entender o conceito, reconhecendo que todo produto ou serviço, para se sustentar no mercado, precisa ser demandado pelo cliente com um diferencial que justifique sua escolha e não a do concorrente.

A Proposta de Valor vai explicar como o produto ou serviço vai resolver um problema, sanar uma "dor" ou atender a uma necessidade do cliente, ou seja, oferece algum nível de relevância para motivar uma escolha. Esclarece qual a verdadeira razão por que um cliente deveria comprar aquele produto e não o dos seus concorrentes. Identificar, de maneira organizada e simples, as informações sobre os desejos e as necessidades do cliente resultará em um precioso volume de informações consolidadas de dados que vão subsidiar uma Proposta de Valor, modelos de negócios e tarefas específicas mais significativas para atender ao cliente.

Outra característica importante na construção da Proposta de Valor é o uso da prototipagem, para testar ideias e receber *feedback*s do cliente que possam servir de direcionamento e melhorias, tudo praticado de uma forma ágil e simples.

Esta metodologia acontece em prática de construção coletiva com a equipe alinhada na linguagem e em expectativas, com diálogos estratégicos pautados na empatia e na aplicação de ferramentas mais criativas. Integra algumas ferramentas, tendo como centro o Canvas de Proposta de Valor, o Mapa do Ambiente, para ter uma compreensão mais clara do cenário e contexto externo e interno, e o próprio Canvas de Modelo de Negócios com seus nove elementos.

Toda metodologia, para realmente ser bem-sucedida, vai precisar integrar o pensar, o sentir e o agir, ou seja, as variáveis técnicas deverão ser complementadas com as variáveis comportamentais, porque em tudo que é construído coletivamente há pessoas juntas, e o Eu influencia o Nós.

Por isso, a questão relacional deve ser considerada e mediada por um líder em qualquer processo de disrupção e inovação. O líder deve desenvolver competências sociocomportamentais para que se habilite a conduzir times que praticam metodologias diferenciadas de construção coletiva, mesmo que o modelo de formação seja de times temporários.

Diante do cenário atual, as necessidades dos clientes mudaram e todas as organizações deverão ficar atentas para atender a essas novas demandas, por exemplo, consumo consciente e seguro, mais opções pelo consumo e acesso digital, busca de conexões afetivas. O cliente quer ter uma boa experiência, preocupação com a sustentabilidade ambiental, respeito à busca da casualidade vivida no isolamento etc., por isso, tudo que possa oferecer um diferencial competitivo, e que o cliente enxergue relevância no que está sendo ofertado, deverá ser incluído como estratégia.

1.4.4 A contribuição do *design thinking*

Outra referência no processo de cocriação, como *quarta contribuição*, é o trabalho com o *design thinking*, de Tim Brown, que é alicerçado em um novo modelo mental. O modelo utiliza ferramentas específicas, abrange a arte de fazer perguntas com envolvimento, empatia, liderança e uma integração do pensar, sentir e agir, equilibrando a intuição e a inspiração com a razão, além de uma prática em prototipagem. Para Tim Brown, o *design thinking* "começa como habilidades que os designers têm aprendido, ao longo de várias décadas, na busca por estabelecer a correspondência entre as necessidades humanas com os recursos técnicos disponíveis, considerando as restrições práticas dos negócios". O *design thinking*, além de ser um método profundamente humano, utiliza da capacidade intuitiva e criativa do ser humano e essas características fazem parte daquelas inerentes ao Eu Superior. O uso de modelos mentais para articular conexões é uma ferramenta para visualizar essas conexões e utiliza como ponto de partida o projeto para transformar a ideia em realidade. Tim Brown complementa que a prototipagem de um projeto é sempre "inspiracional", não como uma obra de arte, e sim por inspirar novas ideias, seguidas da experimentação ou prototipagem.

O *design thinking* é praticado observando-se a tríade base e as cinco etapas a seguir ilustradas:

Figura 1.12 – A tríade base do *design thinking*

Fonte: a autora (2020)

Figura 1.13 – As cinco etapas do *design thinking*

Fonte: a autora, com base em Brown (2017)

Essa prática ajuda o líder a aprender a usar um novo modelo mental, apropriando-se de conexões, experimentação, visualização e criação com modelos visuais. A habilidade da visualização gera uma revolução para os líderes, que passam a aprender a usar metáforas e melhoria da comunicação com muitas outras vantagens.

1.4.5 O modelo de gestão de uma *Startup*

A *quinta contribuição* é fornecida por Eric Ries, em seus dois livros *A Startup Enxuta* e *O Estilo Startup*, despertando o entendimento para empresas e empreendedores com uma nova filosofia de atuação de maneira inovadora, acelerada e planejada, modelo utilizado pelas *startups* que têm um processo de atuação diferenciado e acelerado, inspirando novas práticas.

Alguns elementos são marcantes e representam os fundamentos da *Startup* Enxuta:

1. Identificar quais as crenças de suposições estão alimentando em relação ao "que fazer" para ser uma *startup* de sucesso.

2. A experimentação deve fazer parte do processo para testar as suposições de uma forma barata, simples e rápida. Ele denominou esta prática de MVP, sigla para Produto Mínimo Viável.

3. Ter uma mentalidade de cientista ao testar, gerando aprendizado do que funciona ou não; foi denominado "aprendizado validado".

4. Usar o *"ciclo de feedback"* construir, medir e aprender, para tirar proveito do aprendizado de cada experiência de teste. Este ciclo é parte fundamental do modelo proposto e sintetizado a seguir:

Figura 1.14 – O ciclo de *feedback* do método *startup* enxuta

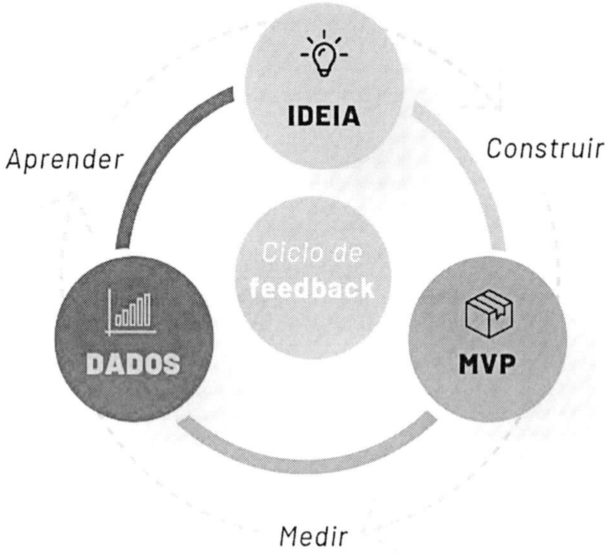

Fonte: a autora, com base em Ries (2012)

Tudo começa com uma ideia que deve ser testada com a construção do MVP e, por meio de dados, os resultados dos testes são avaliados e medidos e, em seguida, recorre-se ao processo de aprendizagem.

Ficar atento às decisões a serem tomadas durante o processo, se a opção é manter a cadência regular do cronograma, se vai *"pivotar"* (*girar o rumo*), mudando de estratégia ou se vai preservar o rumo.

Os líderes têm um papel diferenciado na metodologia *Startup* Enxuta, usando da arte de perguntar às pessoas que realizam o ciclo de construir, medir e aprender:

O que você aprendeu?

Como você sabe?

Para que essa prática seja efetivada, a liderança necessita de uma nova abordagem em relação à cultura, aos hábitos e ao modelo mental do líder em relação ao seu estilo e ao suporte a ser dado aos seus liderados, direcionando a orientação de aprendizado.

No livro *O Estilo Startup*, o autor apresenta uma síntese junto com as ferramentas da *Startup* Enxuta e tem a responsabilização como base da gestão, propondo uma disciplina na inovação e no que está empreendendo, para que não haja confusão entre o processo acelerado contido na descentralização da inovação e a necessidade de se fazer a administração. O que muda é o uso das ferramentas adotadas quando se empreende inovando e também o daquelas praticadas na administração tradicional. A proposta do Estilo *Startup* é combinar os pontos fortes contidos no formato inovador e no tradicional.

Segundo Eric Ries, os elementos do Estilo *Startup*, que foi inspirado no livro *O Modelo Toyota*, de Jeffrey K. Liker, são os mesmos e estão apresentados na figura a seguir:

Figura 1.15 – Os elementos do estilo *startup*

OS ELEMENTOS DO ESTILO STARTUP

4 PESSOAS
3 CULTURA
2 PROCESSO
1 RESPONSABILIZAÇÃO

Fonte: a autora, com base em Ries (2018)

Responsabilização

As gratificações e os incentivos, os objetivos de longo e curto prazo serão alinhados e proporcionais à responsabilização.

Processo

São as ferramentas utilizadas no dia a dia para realizar o trabalho e flui proporcionalmente ao nível de responsabilização das pessoas que executam.

Cultura

As práticas e ferramentas utilizadas de modo constante vão cristalizar a cultura organizacional e funcionam como a memória do passado e se manifestam nas práticas e filosofia interna.

Pessoas

Como representam o maior patrimônio da organização, serão afetadas pela cultura e tudo que aquela organização cristalizou e podem facilitar ou dificultar a prática da inovação.

A arte de empreender requer gestão. Quando estamos realizando projetos de inovação ou quando o cenário é de incertezas e imprevisibilidade, Eric Ries sugere que tudo deve ser instalado em uma casa dedicada dentro da própria organização, para que seja incubada e frutifique em resultados sustentáveis. O quadro a seguir compara os mesmos elementos praticados em uma organização tradicional e em uma que empreende de maneira disruptiva:

Figura 1.16 – Diagrama do estilo *startup*

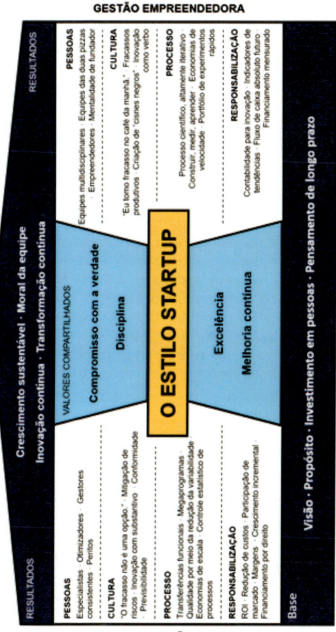

Fonte: Ries (2018)

O alicerce do modelo, denominado base da estrutura, é formado por visão, propósito, investimento em pessoas e pensamento de longo prazo, seguido da melhoria contínua, excelência, disciplina e compromisso com a verdade, alinhados com valores compartilhados. Somam-se a essa estrutura os elementos da administração geral e da gestão empreendedora. Tudo isso para alcançar mais resultados, garantindo sustentabilidade do negócio, moral da equipe, inovação e transformação contínuas.

1.4.6 As empresas exponenciais (ExO)

Aqui registro a *sexta contribuição* contida no bojo do conceito das empresas exponenciais, trazida por Salim Ismail, um estrategista em tecnologia e que lançou o movimento global das ExOs (empresas exponenciais). Com seu livro *Organizações Exponenciais*, fruto das suas pesquisas, definiu os atributos que compõem o modelo ExO Sprint e que foi consolidado no livro *Transformações Exponenciais*, de Francisco Palao, Michelle Lapierre e Salim Ismail, uma metodologia de transformações de organizações para evoluírem, prosperarem e crescerem em um cenário de disrupção e inovação, para que possam viver o paradigma da abundância de modo exponencial.

O best-seller *Organizações Exponenciais (ExO)*, de Salim Ismail, além de lançar o movimento ExO global, sintetiza algumas definições:

> *"Uma Organização Exponencial (ExO) é aquela cujo impacto (ou produção) é desproporcionalmente grande – ao menos 10x maior – comparada com suas semelhantes, devido ao uso de novas técnicas de organização que alavancam tecnologias aceleradas."*

São empresas que desenvolvem soluções pelo menos dez vezes melhores, mais rápidas e de menor custo que as empresas estabelecidas no mercado.

Como todos são afetados pela quarta revolução industrial e pelo crescimento exponencial, todos precisam ser capacitados, envolvidos e autorresponsabilizados como parte do sistema integrado, que vai exigir formas mais colaborativas de interação para que todos possam prosperar.

Chegamos a um patamar de aceleração e crescimento exponencial em que é possível enxergar as grandes transformações ocorridas nos últimos 20 anos, quando o surgimento dos negócios disruptivos apoiados pela internet e pela tecnologia descortina um mundo de infinitas possibilidades, em que a abundância pode ser experimentada em vários segmentos e a inovação será a mola propulsora para novas potências, com o surgimento natural de empresas exponenciais. Uma grande constatação é que elas podem surgir em qualquer lugar do planeta, incluindo o Brasil.

Se o mundo está acelerado e o avanço tecnológico está tão presente, a grande e real tendência é a exponencialidade, que significa algo que cresce de modo expoente, é grandioso e extraordinário.

Pensar de modo linear foi o que aprendemos ao longo da história e nos levou a um mundo estável, previsível e, em pleno século XXI, vivemos uma realidade dinâmica, instável e "líquida".

O cenário de crescimento mundial, o redirecionamento dos modelos de negócios para uma vertente mais disruptiva, alicerçada na internet, os avanços tecnológicos e muito mais são sinais de um mundo sem fronteiras e da inovação que toma conta das iniciativas, entregando ao mundo novas potências, aliadas a outra variável, que é o surgimento das empresas exponenciais, cujo crescimento surpreendente é muito mais rápido do que o das organizações tradicionais.

Mesmo diante de crises vividas em qualquer negócio, como trazer a visão da exponencialidade e contribuir para atravessar a crise?

A turbulência do mundo moderno, toda a aceleração que estávamos vivenciando, criam para o ser humano um grande impacto e a abundância passa a ser questionada, dando espaço para que o paradigma da escassez comece a atuar na mente das pessoas, que, muitas vezes, esquecem que, apesar de todo esse cenário, a Lei do Progresso se faz presente e o progresso acontece de maneira contínua e dele todos podem e devem usufruir.

Estamos todos conectados e o que acontece em qualquer lugar do mundo afeta cada um de nós, independentemente da distância física que nos separa. Uma realidade é que cada ser humano precisa ampliar o seu nível de consciência e mudar seus padrões de pensamentos, de sentimentos e de ações, para que venham a contribuir com o bem de todos.

Ampliar a comunidade que tenha como padrão mental a abundância contribui com a formação do "*mastermind*" da abundância, definida como a coordenação harmoniosa de duas ou mais mentes trabalhando para um mesmo objetivo, o que resultará no grande poder transformador para uma cultura massiva de abundância. As empresas com a mentalidade exponencial acreditam nas infinitas possibilidades. A nova psicologia do empreendedor e da pessoa exponencial irá prevalecer e a abundância, que é um direito universal, estará incluída na rotina do dia a dia com um pensamento ampliado e de grande escala, resolvendo problemas que possam atingir pessoas na escala de milhares. A riqueza circulará de modo mais natural se mantivermos a mentalidade da abundância.

Os modelos de negócios que conhecemos hoje têm como base referencial a escassez e as empresas, que, na sua maioria, montam os negócios de produtos ou serviços pautados em uma visão de que a oferta é limitada, e esse fato vai afetar o sucesso no empreendimento. O avanço das tecnologias exponenciais e a sua disponibilidade de acesso possibilitam oportunidade para todos, envolvendo indivíduos e organizações, e essa realidade é que vai gerar o grande e revolucionário avanço.

Esta é a minha intenção nestas reflexões, que possamos entrar no campo das infinitas possibilidades e aplicar modelos e metodologias de gestão que integrem os avanços tecnológicos, as descobertas científicas, os novos modelos de negócios, a disrupção, a inovação, os novos estilos de liderança. Modelos e metodologias de gestão que sejam inspirados em uma visão mais ampla de expansão de consciência, uma visão integral do homem com suas dimensões (física, mental, emocional e espiritual) e suas respectivas inteligências, que levem à conexão com a Fonte, o campo da potencialidade pura e a essência do ser humano, que é dotada de atributos especiais que podem ajudar na concretização dos diversos níveis de abundância: poder (acionando as ferramentas da vontade para realizar e concretizar desejos); amor (com as ferramentas dos sentimentos); e sabedoria (com as ferramentas do pensamento, raciocínio e decisão).

1.4.7 A proposta do ExO Sprint e suas fases

Vamos compreender agora o modelo ExO Sprint, para que seja somado às outras contribuições já trazidas, com uma certeza de que as transformações causadas pela prática do modelo têm função dupla, porque atingem fortemente o negócio ou o empreendimento e, essencialmente, têm um profundo impacto de evolução pessoal para todos aqueles que se envolvem como participantes ou lideram esse processo.

Um dos grandes desafios a serem enfrentados quando vamos implementar um salto saindo da cultura linear para a exponencial dentro de uma organização são as defesas organizacionais que lutam para manter o *status quo*. Precisamos reconhecer que uma organização tem personalidade própria porque ela é formada por pessoas, e se as pessoas se defendem por diversas razões pessoais e de acordo com seus modelos mentais, naturalmente vão aparecer as defesas empresariais ou organizacionais, que serão produtos do Eu Ego e seus truques, os quais geram como resultado baixo desempenho, pouca criatividade e inovação, deficiência na aprendizagem organizacional e pouca maturidade para práticas mais disruptivas e que envolvem a cocriação.

A boa notícia é que, com um bom método que considere que as variáveis técnicas e comportamentais podem ser harmonizadas, os resultados são surpreendentes, mas é necessário que participantes e líderes sejam conscientes, que acreditem na multidimensionalidade do ser, que tanto indivíduos quanto organizações fazem parte de um todo e que tudo e todos influenciam esse todo maior.

Outros desafios e questionamentos aparecem quando uma organização resolve passar por um processo de mudança e transformação e é afetada pelos modelos mentais das pessoas e pelas defesas organizacionais:

1. Como achar um modelo de negócio adequado e que seja conectado com o paradigma da abundância e não com o da escassez?
2. Como desenvolver e manter a capacidade de inovar de maneira contínua?
3. Como introduzir um novo modelo mental com foco na inovação?
4. Como acessar e se conectar com conhecimentos externos à organização?
5. Como superar a falta de agilidade e de engajamento dentro da organização?

A proposta do ExO Sprint é auxiliar a empresa a superar os desafios e suprir as defesas organizacionais denominadas pelos autores "sistema imunológico", para ajudar a dar o salto necessário para que se torne uma empresa exponencial.

O modelo do ExO Sprint inclui dois fluxos de trabalho, conforme ilustrado a seguir. Acrescento como elemento central a tríade que compõe a essência do ser e o Eu Verdadeiro, em que reside a consciência, somadas às dimensões e às inteligências de um ser integral.

Figura 1.17 – O ExO Sprint e os fluxos de atividades

Fonte: a autora, com base em Palao, Lapierre e Ismail (2019)

O Fluxo Central refere-se ao desenvolvimento de iniciativas e ações a serem praticadas no ambiente interno da organização e seu componente essencial é o indivíduo, com a sua tríade existencial alimentada pelo Eu Superior. O Fluxo de Borda refere-se ao desenvolvimento de iniciativas fora da organização e que envolvem também linhas e negócios já existentes. Nessa interação e interdependência entre os fluxos, surge o modelo a ser praticado, no qual o ser humano é peça fundamental, e quanto mais consciente, o modelo trará resultados mais efetivos.

O modelo funciona com onze componentes denominados atributos que, por meio da prática por toda a organização, vão facilitar a criação de uma nova mentalidade, filosofia e cultura inerentes a uma organização exponencial. Essa organização tem abrangência e impactos globais e consegue acessar e gerenciar a abundância, pois sabe utilizar os recursos disponíveis, prospectar clientes em potencial, usar as informações úteis e se apoia na tecnologia para contribuir com seu crescimento exponencial.

Uma empresa exponencial tem um modelo de atuação próprio que pode ser sintetizado da seguinte maneira:

Possui um Propósito Transformador Massivo (PTM), cinco atributos de foco externo que acessam a abundância global e cinco atributos de foco interno, para que a empresa gerencie a abundância e a cultura, a fim de facilitar o crescimento exponencial.

Os onze elementos, incluindo o PTM, estão a seguir ilustrados e definidos:

Figura 1.18 – Os atributos das organizações exponenciais

Fonte: a autora, com base em Palao, Lapierre e Ismail (2019)

O componente número um é a definição do Propósito Transformador Massivo PTM, que é a grande meta que a organização almeja alcançar. Uma empresa e uma pessoa exponencial têm um propósito e respondem a um porquê.

De acordo com Salim Ismail, o Propósito Transformador Massivo, ou PTM, é parte de grande importância da organização exponencial, pois servirá como transformação cultural. O PTM vai além da tradicional identidade organizacional, que começa com a definição da Visão e, por essa razão, deve ser checado ao ser escrito:

1. Impactar positivamente o mundo.
2. Reflete um grande porquê e anuncia um propósito.
3. É um meio de alcançar altos e grandes voos.
4. É a base de muitos atributos.
5. Serve de alinhamento organizacional.
6. Demonstra como a empresa se relaciona com a abundância.
7. É simples e claro.
8. É desafiador, ousado, entusiasma e é viável para ser tentado.
9. É massivo porque atinge o mundo.
10. É transformador.

Vamos entender na prática?

A seguir, confira três exemplos de PTM de empresas conhecidas. Você vai verificar se passam pelo teste dos dez pontos de checagem indicados anteriormente.

- Google: organizar as informações do mundo.
- Microsoft: ajudar indivíduos a realizarem seus plenos potenciais.
- Waze: evitar o trânsito juntos.

Diante deste conceito de PTM, qual seria o da sua empresa para alcançar a exponencialidade?

Cada atributo traz, na sua essência, a mudança de modelo mental para migrar do paradigma da escassez para o da abundância.

Atributos de foco externo estão descritos a seguir:

Figura 1.19 – Os atributos internos das organizações exponenciais

EQUIPE SOB DEMANDA

Mantenha cadastro de reserva com profissionais qualificados a serem acionados à medida que surgir a necessidade e crie descrição de tarefas, use o PTM para recrutar, plataforma para interface com a equipe e plataformas externas para seleção.

COMUNIDADE & MULTIDÃO

Crie estratégias para reunir grandes grupos motivados pelo PTM, oferte benefícios, alimente o relacionamento, crie vínculos, crie plataforma para os primeiros adeptos, expanda o alcance e desenvolva sua comunidade e gerencie.

ALGORITMOS

Significa fornecer o passo a passo com o uso da tecnologia e inteligência artificial para automatizar tarefas ou solucionar problemas específicos. Identifique as necessidades do cliente, busque especialistas se não tiver internamente, colete e organize dados, aplique algoritmos e exponha dados à comunidade.

ATIVOS ALAVANCADOS

Crie condições para não imobilizar recursos substituindo a necessidade de propriedade em ativos, identifique no cenário como pode aproveitar a abundância de ativos valiosos sem investir, desenvolva relacionamentos, crie interface e use sua forma de atender demandas para atrair membros. Exemplo, a UBER não tem nenhum veículo.

ENGAJAMENTO

Crie estratégias de engajamento para que sua comunidade, a sociedade e seus clientes sintam-se parte integrante do sistema e do seu propósito. Para tanto, assegure um PTM, identifique com clareza seus clientes, seu público e a comunidade, faça testes de engajamento com públicos menores antes de escalonar, colete, registre e gerencie as interações com os usuários.

Fonte: a autora, com base em Palao, Lapierre e Ismail (2019)

A seguir, detalhamos os atributos que farão parte do ambiente externo:

Figura 1.20 – Os atributos externos das organizações exponenciais

INTERFACES

É a forma como a organização vai interagir com seus clientes, parceiros, funcionários e o público em geral. As interfaces são frutos da automação dos atributos externos, uso de algoritmos e fluxo de processos automatizados, cuidando da humanização da relação. Teste a interface com a população piloto e atualize de forma continua.

PAINEL DE CONTROLE

Sistematize as informações dos indicadores importantes por público para fazer correções rápidas de rumo e torne os painéis acessíveis e transparentes para a organização. Rastreie os dados para alimentação do painel em tempo real, implemente um modelo de definição de metas, defina os Objetivos e Resultados-chave (OKRs).

EXPERIMENTAÇÃO

Toda ideia nova na busca da exponencialidade não será encontrada como modelo ideal na primeira tentativa. As ideias devem ser testadas e melhoradas com o feedback. A equipe deve ser estimulada para uso de perguntas investigativas, testes rápidos para validar hipóteses e os testes devem ser registrados para o aprendizado com os dados. Em síntese construa modelos, teste, faça medições e aprenda.

AUTONOMIA

As equipes devem conviver em um modelo de auto-organização, sendo motivadas pela autonomia com autorresponsabilidade, flexibilidade e agilidade para atingir metas compartilhadas. Aqui recorre-se ao Kanban, Scrum, OKRs, ficando atento à definição clara de objetivos e acompanhe com painéis de controle.

TECNOLOGIAS SOCIAIS

Uso de ferramentas da tecnologia que vão possibilitar a comunicação ágil entre funcionários, equipe sob demanda, líderes, membros da comunidade e clientes. Tudo associado ao PTM, com análise do cenário relativo ao relacionamento, com ferramentas disponíveis, optando pelo uso de câmara para facilitar a interação e exercitando a aprendizagem pelo uso.

Fonte: a autora, com base em Palao, Lapierre e Ismail (2019)

Vamos praticar?

Agora que já conhece os atributos internos e externos, e sabendo que os conceitos e a visão exponencial podem ser aplicados a um profissional ou a um negócio – este é um entendimento pessoal que deu origem ao meu livro, *Seja Exponencial na Vida e nos Negócios* –, você vai exercitar a sua percepção com uma autoavaliação, observando sua organização e se tem desejo de implantar um modelo com o qual ela possa dar um salto em direção ao crescimento exponencial.

Observe os quadros a seguir e preencha-os colocando um sinal no parêntese ao lado de cada atributo. Insira + quando já percebe e pode ter uma ação ou – quando não reconhece ou não vê possibilidades.

Figura 1.21 – Exercício dos atributos internos e externos

Fonte: a autora, com base em Palao, Lapierre e Ismail (2019)

De acordo com a avaliação feita, resuma a seguir como está o seu nível geral de percepção sobre a possiblidade de sua empresa entrar para o rol das empresas exponenciais.

Os autores recomendam o ExO Canvas em relação às informações e à implementação. Como forma de aprofundar, pense na sua organização ou, se for líder, na sua área de atuação e qual seria o PTM. Ou poderia aproveitar o que definiu antes?

Para facilitar, os autores sugerem algumas dicas, a seguir resumidas:

Figura 1.22 – Dicas para o ExO Canvas

Fonte: a autora, com base em Palao, Lapierre e Ismail (2019)

A partir dos conceitos dos atributos internos e externos descritos anteriormente, avalie cada um, começando pelos externos, pensando em como alcançar abundância e sua implementação. Releia os conceitos dos atributos e preencha agora o seu ExO Canvas, de acordo com o quadro a seguir, em cada atributo, escreva as informações e as ações de implementação para cada um:

Figura 1.23 – Exercício do ExO Canvas

EXO CANVAS
PTM - PROPÓSITO TRANSFORMADOR MASSIVO

INFORMAÇÕES	ATRIBUTOS EXTERNOS	ATRIBUTOS INTERNOS	IMPLEMENTAÇÃO
	Equipe sob demanda	Interfaces	
	Comunidade e multidão	Painel de controle	
	Algoritmos	Experimentação	
	Ativos alavancados	Autonomia	
	Engajamento	Tecnologias Sociais	

Fonte: a autora, com base em Palao, Lapierre e Ismail (2019)

Registre, a seguir, o que aprendeu com este ExO Canvas e quais ações vai precisar implementar:

O trabalho de transformação não para por aí. Conhecidos os onze elementos do modelo ExO, com a compreensão de que é possível o contato com a abundância global contida nos atributos externos e nos atributos internos para dar suporte e gerir a abundância interna, o modelo precisa entrar em funcionamento com um "como" detalhado de dez semanas, até alcançar as iniciativas que vão alimentar o Fluxo de Borda e o Fluxo Central, obtendo assim a tão sonhada transformação exponencial.

1.4.7.1 Aprofundando o ExO Sprint e suas fases

Antes de aprofundar o modelo ExO Sprint, vamos entender o Sprint, um método criado por Jake Knapp, com John Zeratsky e Braden Kowitz, do Google Ventures. Sprint significa arrancada e é uma prática muito usada nas metodologias ágeis, integrando os ciclos rápidos pensados para a execução de determinadas tarefas e metas, que que servem para todas as equipes que queiram trabalhar uma grande oportunidade, um problema ou uma ideia.

O Sprint é uma metodologia que auxilia equipes a resolver questões críticas em um processo participativo por meio de prototipagem e teste em períodos curtos, e cada integrante do time tem objetivos e metas claras e bem definidas. O grande avanço do Sprint é que, ao ocorrer a prototipagem para testar as ideias ou soluções, não se investe tanto para depois descobrir que a solução não funcionou ou não resolveu o problema do cliente. O Sprint é uma prática indispensável para empreendedores ou empresas que queiram testar mercados ou produtos inexplorados, e deixando a empresa continuando a rodar o seu principal produto ou serviço. Como ele é feito para testar em um período curto, o "sistema imunológico" da empresa, como definem os autores do livro Transformações Exponenciais, pode ficar rodando sem ser afetado.

O Sprint utiliza os recursos, as pessoas, as ferramentas e o conhecimento que o time tem sobre o tema. É a chance de fazer uma projeção para o futuro e ver o produto prototipado de modo simples e viável, e mais, vai aproveitar as ideias boas que muitas vezes não são encontradas e não se sabe qual o melhor caminho a seguir para obter bons resultados.

O ExO Sprint é um método prático, para que os desafios da organização sejam enfrentados, a fim de que o modelo de negócio possa ser definido, permitindo o contato com a abundância e que as defesas organizacionais sejam enfrentadas e seu "sistema imunológico" questionado e amadurecido, migrando do egossistema para o ecossistema, de uma forma mais consciente, instrumentalizando a organização para desenvolver suas capacidades internas, mediante apoio às pessoas envolvidas no processo de transformação.

A figura a seguir resume o modelo com suas três fases principais e seus subelementos em uma estrutura que deverá funcionar durante dez semanas, para preparar, executar e acompanhar as descobertas e a execução dos elementos contidos no Fluxo de Borda e no Fluxo Central, praticando a prototipagem, obtendo como resultados as iniciativas, tudo alimentado pelo feedback acrescentado por mim.

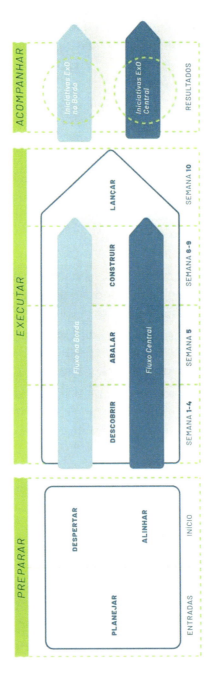

Figura 1.24 – As fases do ExO Sprint

Fonte: a autora, com base em Palao, Lapierre e Ismail (2019)

1.4.7.2 As fases do ExO Sprint

Fase 1 – Preparação

O planejamento envolve a definição das pessoas-chave, e estas deverão ser sensibilizadas (despertadas) para abrir mão do paradigma linear e entrar no da exponencialidade e treinadas (alinhamento) nas ferramentas para executar os modelos ExO e ExO Sprint.

Fase 2 – Execução

Durante as dez semanas de execução, os participantes vão gerar ideias (descoberta) para o processo de transformação, bem como avaliar e priorizar as melhores opções. Os dois fluxos de atividades contribuirão para a disrupção com suas respectivas funções. O Fluxo de Borda será responsável pela disrupção para fora, com a criação de novos negócios fora da organização existente e que pode passar até a liderar o segmento. O Fluxo Central tem o foco na inovação e na adaptação à disrupção interna sem mudar o modelo de negócio, evitando assim que o "sistema imunológico" atrapalhe.

No meio do processo, é chegada a hora de experimentar e construir o protótipo para testar as hipóteses. Ao fim desta fase, o protótipo deve ser lançado com apresentação das iniciativas à equipe de liderança, para que sejam garantidos os recursos para a implementação.

Fase 3 – Acompanhamento

Como as iniciativas são de "borda" e outras de "centro", sua implementação deve ser monitorada para acompanhamento.

Fiz a inclusão do *feedback* para que, durante o acompanhamento, sejam verificados os resultados para, se necessário, retomar ao início do processo com o planejamento para ajustes e melhoria.

Aqui fica uma tarefa para o leitor praticar os conceitos na sua organização e construir de maneira coletiva o ExO Sprint.

1.5 A tríade do líder emergente

Seria possível o uso de metodologias com a construção coletiva para a prática da disrupção e da inovação sem liderança?

Claro que seria impossível. Por essa razão, para falar de liderança em um mundo emergente deve-se conscientizar o líder de que ele deve ser inteligente, positivo e humanizado, com uma nova visão sobre espiritualidade, para que crie pilares fortes para dar suporte a uma atuação que possa fazer a diferença e agregar valor na vida das pessoas.

Para que possa ter uma atuação neste mundo emergente, deverá ser um visionário, com o foco triplo sob a forma de tríade (conforme mostrado na figura a seguir), ter a clareza de que tudo começa com o seu despertar de consciência com o Eu Superior ativo inspirando suas intenções e direcionando sua atenção para o externo, com todas as possibilidades que vimos até aqui.

Além da tríade referente ao foco triplo da liderança consciente, existe uma outra tríade nuclear que denomino existencial, por contemplar a essência do ser com seus atributos (poder de realização, que aciona a vontade; sabedoria, para pensar, raciocinar e decidir; amor, para sentir e se relacionar), e que é capaz de viabilizar qualquer intenção inspirada pela consciência e está associada às inteligências já descritas anteriormente.

Figura 1.25 – O foco triplo da liderança

Fonte: a autora (2020)

A esfera do foco externo fez parte do conteúdo até aqui descrito. A outra esfera de foco está na relação com o outro em todos os sistemas em que atua; e a terceira esfera é em relação a si mesmo, por acreditar que estamos diante de uma "nova tecnologia da liderança", que deverá estar inserida no modelo mental atualizado, o qual depende essencialmente da autoconsciência e da autoliderança.

A seguir, falaremos das outras esferas, começando com o foco em si mesmo.

CAPÍTULO 2

O LÍDER ATUANDO COM A CONSCIÊNCIA EM SI MESMO

2.1 Enxergando com uma nova visão da realidade

Entrar no universo da autoliderança e da autoconsciência significa acessar o mundo do inexplorado da nossa existência terrena e buscar responder algumas questões mais profundas:

Quem sou eu? De onde eu vim? Para onde vou?

Como a nossa educação formal não contempla este conteúdo nos currículos, o adulto tem dificuldade em responder isso de modo consciente e fica evidenciada a falta de contato com o autoconhecimento e a compreensão de uma nova visão sobre a realidade da vida e da existência.

Vivemos a nossa vida tridimensional sem realmente compreender qual a relação entre o mundo externo e o mundo interno, e a grande verdade é que eles estão muito interconectados. Esta nova visão da realidade para alguns deve ser compreendida a partir do entendimento de que, além do mundo físico em que experimentamos tudo por meio dos cinco sentidos, também temos outras dimensões.

No mundo físico, que contém tudo que é matéria, achamos que a realidade se concentra na matéria e que ela é imutável. A matéria e as diversas formas também se modificam continuamente. Esse entendimento pode ser ampliado para o conceito de realidade que vai além do físico, com outras dimensões, como a mental, a emocional e a espiritual, na qual reside a consciência que é eterna, imutável e contém um potencial sob a forma de um tesouro interno que possibilita todas as nossas realizações.

Os atributos que recebemos ao nascer e constituem o nosso núcleo divino, o Amor, o Poder e a Sabedoria e suas respectivas ferramentas, se manifestam nas palavras, nos pensamentos, nos sentimentos e nas crenças que se originam no nosso interior e produzem resultados específicos no mundo físico. Quando somados à nossa intenção, nossa atenção e às nossas expectativas, são capazes de gerar surpreendentes efeitos e resultados. Por essa razão, vamos compreender que a abundância não tem sua origem em uma fonte externa, e sim na fonte interna. A grande questão é que cobrimos esses atributos e formamos camadas distorcidas que nos impedem de usufruir de tudo que o universo tem a nos oferecer sob a forma de realizações e abundância. Esse é o segredo que precisamos descobrir e despertar por meio do autoconhecimento e da autoconsciência.

Saber dessa nova percepção da realidade nos leva a usar de maneira consciente os recursos disponíveis, transformando os pensamentos, os sentimentos e as crenças, e a buscar a conexão com a Fonte e a sua inteligência para entrar no fluxo da abundância, contida no campo da potencialidade pura, que é um direito de todo ser humano.

Muitas crenças que definem os nossos comportamentos na vida são fruto do que vivenciamos pessoalmente ou nos foi ensinado no passado. À medida que avançamos no autoconhecimento, passamos a entender que estão relacionadas com o ponto de referência à busca de respostas externas ou a objetos e ao fato de aceitarmos as imagens dos outros a respeito da percepção da vida.

Quando nos conectamos com o nosso Ser Superior, vivemos a vida de maneira mais equilibrada e buscamos na nossa essência a referência, nos distanciamos das mensagens externas acionando a consciência que tem suas próprias características, conforme ilustração a seguir:

Figura 2.1 – As características da consciência

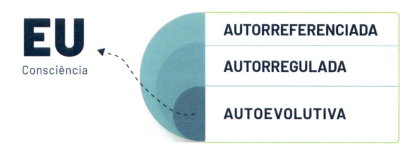

Fonte: a autora (2020)

A consciência tem um papel fundamental para sair da ilusão e ter uma compreensão mais clara da existência e aprender a utilizar as suas características para usufruir do campo da potencialidade pura e do acesso às infinitas possibilidades, sabendo usar suas características:

- Autorreferenciada – deixa de viver a partir dos outros ou pelo que nos ensinaram e usa a referência da sua própria essência, que é o Eu Superior.

- Autorregulada – sabe viver o momento presente com maturidade, aceitação e tem uma capacidade grandiosa de se adaptar diante da vida e de todos os obstáculos.

- Autoevolutiva – cresce e evolui de modo natural, porque está alinhada com a sabedoria das leis universais e nos ajuda a cumprir o progresso existencial.

A falta de informação a respeito dessa visão do papel da consciência leva-nos à dificuldade no exercício da liderança e de outros papéis na vida. Dessa forma, seremos afetados quanto à nossa autorrealização, à nossa felicidade e ao nosso desempenho.

Em paralelo a essa dificuldade, os líderes se deparam com uma série de outras questões pessoais não trabalhadas e não compreendidas e que estão atingindo o seu comportamento como líder, o seu estilo de liderança, o relacionamento geral e, em especial, os seus liderados.

Quando Sócrates nos presenteia com a frase "Homem, conhece-te a ti mesmo", já nos convidava, há muitos anos, a exercitar esta grandiosa tarefa do ser humano de fazer o caminho que não pode ser negado e nem negligenciado, essencial para que tenhamos uma vida de excelência em todos os papéis que exercemos e para que possamos usufruir da abundância contida no campo da potencialidade pura disponível para todos.

As abordagens sobre o autoconhecimento são inúmeras e estão disponíveis sob as diversas modalidades e metodologias; podemos escolher qual a trilha que desejamos percorrer, mas algo essencial deve existir no íntimo de cada cidadão ou cidadã: desejo, decisão e a escolha por meio da compreensão consciente da necessidade de crescer e evoluir. Este é o grande convite que quero fazer com a sua chegada até aqui e pode dar prontidão para o anseio profundo do seu ser de ter uma vida plena e de muito significado, cumprindo o seu propósito existencial.

Quero iniciar a reflexão sobre este tema por meio de duas frases contidas em palestras da metodologia *Pathwork*®, que fazem parte do caminho que escolhi de busca de autoconhecimento e de autoliderança ao longo de mais de 25 anos.

> *"Aquele que não conhece a si mesmo não pode conhecer os outros; aquele que não entende a si mesmo não pode entender os outros; e aquele que não ama a si mesmo não pode amar os outros." (Palestra número 033 da metodologia Pathwork® – Preocupação com o Eu).*

> *"O único meio de alcançar a nossa parte divina é o pequeno e estreito caminho do autodesenvolvimento. A meta é a perfeição. A base para isso é conhecer a si mesmo." (Palestra número 011 da metodologia Pathwork® – Autoconhecimento; o grande plano; o mundo espiritual).*

Compreender essas afirmações é fazer um mergulho em si mesmo e percorrer o seu jeito de ser e atuar no mundo das coisas, aceitando deparar-se com características muitas vezes inadequadas e compreender a origem das suas motivações, que geram pensamentos, sentimentos e, consequentemente, suas ações. À medida que avançamos no autoconhecimento, teremos a valiosa oportunidade de entender as reações emocionais que se escondem em motivações e que são diferentes dos sentimentos do momento presente, e isso requer maturidade e honestidade consigo mesmo.

Essa busca é contínua e permanente e nos leva a reconhecer amorosamente nossos talentos e os pontos que precisam ser melhorados, contribuindo, assim, com a evolução individual e nos aproximando da felicidade e da realização. Reconhecer a existência de pontos de melhoria ou "defeitos" é importante, porque esses pontos são causadores da nossa infelicidade por representarem um desalinhamento com leis universais que regem a conduta e o desenvolvimento moral do indivíduo

2.2 Os nossos diversos "eus"

O caminho para conhecer a si mesmo é longo e cheio de obstáculos. Digo sempre que a nossa evolução é uma subida e toda subida dá muito trabalho, gera cansaço e, às vezes, preguiça e vontade de parar. Por essa razão, a conexão com o ser mais profundo que é o Eu Superior deve ser acionada, principalmente para termos a coragem de fazer essa subida e conhecer e reconhecer que, além deste Eu Superior, que é a nossa parte divina, temos outros "eus" a seguir descritos.

Assim, a personalidade humana é constituída de estados fundamentais que precisam ser entendidos conforme definidos pelo Pathwork®, na palestra número 152 – A conexão entre o ego e o poder. "O Eu Superior ou Centelha Divina, realidade última e absoluta, é radiante e de alta vibração, porém foi encoberto por várias camadas mais densas e passaram a existir o Eu inferior e a Máscara.". "O Eu Superior representa os potenciais reais em todas as pessoas e o centro de cada ser humano".

Imagine o que seria da sua vida pessoal e profissional se fossem guiadas por todo o seu potencial criativo e real contido no seu Eu Superior?

Com certeza você teria muita autoconfiança e acreditaria muito mais no que você é capaz de realizar e conquistar e no exercício do papel de líder; você usaria o seu poder real e não precisaria usar o poder distorcido com agressividade para influenciar as pessoas, gerando temor e não pela liderança genuína e inspirada.

O Eu Inferior é a parte escondida da pessoa, mantida em segredo e que reúne todos os enganos do homem, defeitos de caráter, ilusões, negatividades, destrutividade e fingimentos, e mais, tudo aquilo que fere a integridade do indivíduo. Ele também envolve a falta de amadurecimento da pessoa, a ignorância e a preguiça de mudar, superar-se, autoconhecer-se e assumir sua autoliderança. É muito egoísta e orgulhoso.

O Eu Inferior é ativado pelas nossas experiências consideradas negativas e vivenciadas na nossa infância, em especial com nossos pais ou outras pessoas que ajudaram na nossa criação. Por medo de expressar sentimentos naturais, como a raiva, e reagir, a criança cria um meio mais aceitável de reação, na tentativa de não perder o amor dos pais e, assim, a expressão natural dos sentimentos é contida.

Quais os danos que o Eu Inferior traz para sua vida e para as relações nos diversos papéis?

Como ele é imaturo e atua sob a ótica da ilusão, tem uma preguiça imensa de adotar novas atitudes e não quer se conhecer e comandar sua própria vida, pelo medo de ser autêntico e íntegro e revelar tudo aquilo considerado pouco aceitável e lisonjeiro, envolvendo a raiva, o ódio, a avareza, o orgulho e, muitas vezes, até a crueldade, ele vive procurando se esconder e usar a próxima camada, que é a Máscara, como "capa".

Existe mais uma camada que encobre o Eu Superior e é definida pelo Pathwork® como a Máscara. Tem sua origem no momento em que a pessoa, com medo de entrar em conflito com seu ambiente e com as pessoas, pela atuação a partir do seu Eu Inferior, e não está disposta a pagar o preço, cria uma outra representação daquilo que gostaria de ser, com o objetivo de ser amada ou aprovada. Podemos dizer que esta é uma outra embalagem do Eu e que não representa a realidade do Eu Superior e nem a realidade temporária do Eu Inferior. Com a criação dessa camada de irrealidade, a pessoa também não está sendo íntegra com a sua real personalidade. Ser verdadeiro consigo mesmo não significa que você vai agir com a imaturidade do seu Eu Inferior, e sim ter consciência da existência dele e de que tem a possibilidade de mudar.

Essa tríade foi ilustrada por Susan Thesenga, no seu livro O Eu sem defesas, na página 121.

Figura 2.2 – O diagrama dos três eus

Fonte: Thesenga (1994)

Neste diagrama, a primeira camada é a da Máscara e os três tipos têm as denominações de Amor, que usa como estratégia a submissão e tem muito medo. Poder, que atua com a estratégia do controle, usando a agressividade, e a Serenidade, que recorre à estratégia do distanciamento ou retraimento, por orgulho.

A pessoa adulta vai revivendo algumas dores da infância que deram origem à Máscara e que continuam aparecendo na personalidade. Se continuarmos sentindo medo de sermos desaprovados e não amados, entramos em um ciclo vicioso com muita tensão e os atributos divinos de Poder, Amor e Sabedoria são distorcidos e elegemos um como objetivo para buscar uma pseudoperfeição para sermos "perfeitamente amorosos, absolutamente poderosos ou completamente serenos", como afirma Susan Thesenga. A distorção causada por uma perfeição invulnerável e em desacordo com a vulnerabilidade humana modifica os atributos dessa maneira:

- Atributo do Amor, passa a ser uma grande dependência e submissão querendo agradar a todos para ser amado.
- Atributo do Poder, passa a ser uma busca frenética pelo controle de tudo e de todos, recorrendo à agressão.
- Atributo da Serenidade, passa a ser representado pelo retraimento e distanciamento.

As máscaras e suas características:

Figura 2.3 – As características das máscaras

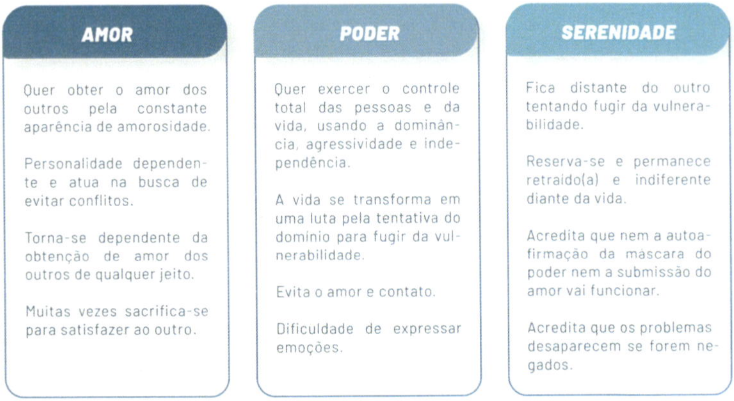

AMOR	PODER	SERENIDADE
Quer obter o amor dos outros pela constante aparência de amorosidade.	Quer exercer o controle total das pessoas e da vida, usando a dominância, agressividade e independência.	Fica distante do outro tentando fugir da vulnerabilidade.
Personalidade dependente e atua na busca de evitar conflitos.	A vida se transforma em uma luta pela tentativa do domínio para fugir da vulnerabilidade.	Reserva-se e permanece retraído(a) e indiferente diante da vida.
Torna-se dependente da obtenção de amor dos outros de qualquer jeito.	Evita o amor e contato.	Acredita que nem a autoafirmação da máscara do poder nem a submissão do amor vai funcionar.
Muitas vezes sacrifica-se para satisfazer ao outro.	Dificuldade de expressar emoções.	Acredita que os problemas desaparecem se forem negados.

Fonte: a autora, 2020

A pessoa pode, ainda, fazer uma combinação de máscaras para resolver suas dores infantis, gerando mais confusão. É possível uma pessoa usar uma máscara no papel pessoal e outra no profissional.

Com base nas características de cada máscara, respire algumas vezes e veja se consegue identificar em você as características de uma das máscaras e como ela se manifesta no seu dia a dia.

Vamos nos aprofundar um pouco nesse tema, dada a sua importância e para evolução do seu processo de autoliderança. Registre, a seguir, quais as suas maiores exigências:

Vida Pessoal

Vida Profissional

Vida Afetiva

Observe atentamente tudo que escreveu e quais as percepções que está tendo sobre você e volte ao quadro das características das máscaras e registre qual máscara está relacionada às suas exigências.

Tenho repetido junto aos meus clientes que são líderes, que não podemos levar o liderado a um lugar a que não fomos. Isso significa que, ao contribuir com o desenvolvimento dos seus liderados ou até mesmo compreender as suas motivações que moldam os seus comportamentos, o líder vai precisar se conhecer para que seja mais cooperativo, paciente e usar da empatia no relacionamento. Caso contrário, ele pode ser um dificultador nas relações com implicações na produtividade do time.

Fica muito claro, e acredito com todo o meu ser, que liderar a si mesmo é um dos grandes desafios de um líder e existem várias razões para evidenciar essa constatação que devem ser conhecidas e trabalhadas por todo líder que deseja fazer a diferença na sua vida, na das pessoas que lidera e dar melhores resultados para a organização em que atua.

Algumas razões justificam a dificuldade dos líderes:

1. Falta de uma visão realista sobre nós mesmos e pouco usamos o espelho para encarar com profundidade quem somos.

2. Deixamos o ego reinar de maneira imatura e inadequada, e não com sua contribuição positiva para nossa evolução.

3. Criticamos e julgamos muito o outro e pouco reconhecemos as nossas intenções de maneira consciente.

4. Dificuldade em nos autorresponsabilizarmos por tudo que acontece de resultados nas nossas vidas.

5. Muito medo de descobrir nossas partes mais negativas e passamos a nos mover a partir de crenças limitantes que experienciamos ou nos ensinaram como verdade.

6. Somos reativos nas relações porque não sabemos as origens das nossas próprias defesas.

7. Percebemos o significado do "eu" de maneira equivocada e isso reflete na compreensão da nossa identidade e da sua profundidade infinita.

8. Percebemos a realidade do mundo sem compreender a realidade espiritual.

9. Buscamos fora de nós as nossas realizações e o grande tesouro está dentro de nós.

10. Falta de um trabalho mais profundo de autoconhecimento e de busca pessoal com o uso das descobertas científicas sobre a inteligência emocional, a inteligência espiritual e a neurociência.

Esse conhecimento mais profundo sobre a natureza do ego nos proporciona uma reflexão em relação à incapacidade do ego de sentir, criar, usar a espontaneidade e sabedoria do Eu Superior, pois seus medos relativos à vida, à morte, ao prazer, aos sentimentos, ao abandono do controle e ao medo maior de deixar seu ser mais profundo comandar sua vida impedem a autorrealização. Trazer para a consciência esses medos por meio da autoconfrontação é um dos grandes exercícios da autoliderança, levando a pessoa a assumir o comando da sua própria vida e a usufruir de mais tranquilidade, trocando a ansiedade frenética do ego pela paz e pela autoconfiança proporcionadas pelo seu Eu Superior, e o ego saudável precisa cooperar com essa conquista. Tal conquista, essencial e possível, precisa de coragem, de confiança e de esforço pessoal para que a pessoa reúna forças internas suficientes para abandonar o controle direto do ego, que é movido pelas faculdades da vontade e, muitas vezes, de maneira distorcida e que estão apenas sendo direcionadas pelo comando do ego, sem a consciência do Eu Superior.

2.3 Os desafios do crescimento e da evolução do ser humano

A nossa viagem existencial é longa e teremos vários obstáculos naturais que servirão para aprendizado e evolução. Compreender a interação entre a tarefa existencial ou o propósito e a tarefa do ego é essencial no despertar da consciência.

Nascemos com atributos essenciais para termos uma vida cheia de realizações e sermos livres e amorosos. Com o passar do tempo, a nossa história e o nosso contato com o mundo, sofremos as influências do meio e adquirimos crenças e, muitas vezes, bloqueamos a nossa espontaneidade. As pessoas que estão ao nosso redor no ambiente familiar e social vão contribuir com a formação da nossa personalidade e vamos adquirindo medos, carências e inseguranças que afetarão o nosso comportamento na vida, com todo o aprendizado que nos passaram sobre o que é certo e o que é errado, assim vão se formando os nossos conceitos, os nossos preconceitos, as nossas crenças, opiniões, generalizações e os nossos mecanismos de defesa.

Essa nova natureza que criamos ao longo da formação da personalidade precisa ser curada e purificada e isso só é possível com o trabalho de autoconhecimento, para que o indivíduo alcance seu propósito de vida e sua verdadeira autorrealização, que é interna e depende desse elemento número um, que é o de conhecer a si mesmo(a).

No processo de crescimento, precisamos de uma estratégia pessoal para estruturar o ego de tal forma que ele nos ajude no processo e não ocupe o lugar de um elemento dificultador e, por medo ou preguiça, não nos ajude a evoluir. Devemos usar da consciência para checar como ele está atuando, se estamos deixando a nossa essência se manifestar e se estamos alimentando a nossa vida a partir do ego ou do Eu Superior.

Vamos à prática?

Observe o quadro a seguir e marque com um X nas atitudes que estão mais próximas da sua conduta no dia a dia:

Figura 2.4 – Exercício das características do Ego e do Eu Superior

EGO	?	EU SUPERIOR	?
Meu		Nosso	
Separação		União	
Hostilidade		Compreensão	
Ressentimento		Coragem	
Orgulho		Perdão	
Culpa		Compaixão	
Reclamação		Empatia	
Queixa		Humildade	
Julgamento		Sabedoria	
Inveja		Amor	
Raiva		Paciência	
Intolerância		Aceitação	
Egoísmo		Alegria	
Sentir-se superior		Entusiasmo	
Intenção negativa		Presença	
Mentira		Verdade	
Preguiça		Autoconfiança	

Fonte: a autora (2020)

*Qual a reflexão que faz e o que precisa fazer a
partir de hoje?*

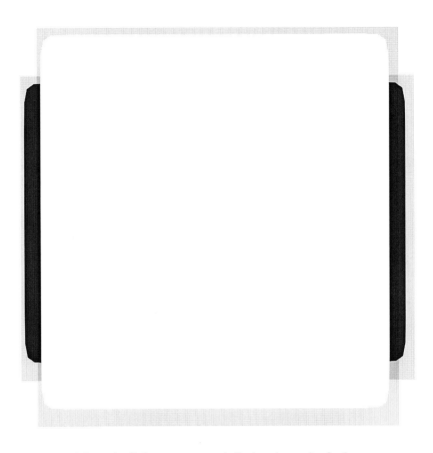

2.4 Quando distorcemos os atributos da essência do ser

Vimos que temos a tríade dos atributos divinos denominados de Amor, Poder e Serenidade, e que podem se manifestar também de maneira distorcida. Se a personalidade está saudável, os atributos vão funcionar em harmonia, de acordo com a necessidade, pois todo ser humano precisa atuar na vida com as ferramentas da razão contidas no atributo da Serenidade, ferramentas da vontade contidas no atributo do Poder e as da emoção no atributo do Amor.

Com as distorções, são criadas as máscaras que têm a mesma denominação dos atributos divinos, e dessa limitação nasce a tríade dos defeitos. Os três defeitos considerados fundamentais do caráter humano definidos pela metodologia do Pathwork® são a obstinação, o orgulho e o medo e precisam ser percebidos e identificados. Em especial, é necessário admitir o medo como defeito, reconhecendo que o seu oposto é o amor e que, com a nossa humanidade, somos suscetíveis a falhas e aí surge naturalmente o medo. Existe uma interdependência dos três defeitos e um afeta o outro. Observe, a seguir, a configuração dos defeitos, associados às máscaras e aos atributos divinos distorcidos. O reconhecimento dos defeitos passa a ser uma tarefa fundamental no exercício da autoliderança e o líder manifesta, no seu comportamento e no seu estilo, os atributos divinos, suas distorções e os defeitos. A figura a seguir sintetiza os três tipos de máscaras e os seus defeitos.

Figura 2.5 – Os três tipos de máscaras e os defeitos

Fonte: a autora, 2020

Agora vamos para a prática!

Observe a figura e o quadro a seguir, respire três vezes e, a partir da definição dos defeitos, identifique como eles aparecem no exercício da liderança e em sua vida, registrando.

Figura 2.6 – Exercício dos defeitos aplicados à liderança

DEFEITO	MANIFESTAÇÃO NO DIA A DIA
Obstinação ou vontade do ego É uma vontade cega e imatura do ego de obter do seu jeito, sem preocupação com as consequências e com o impacto nos outros e até contrariando as leis universais, afetando e calando o Eu Superior. A pessoa busca o que quer a qualquer preço, passando por cima, muitas vezes, do outro.	
Orgulho O orgulho surge quando você acha que seu ego é mais importante do que o de qualquer pessoa e quer tirar vantagens a qualquer custo. Outro elemento que aparece é a vaidade, que deverá ser exercida de forma adequada em função dos reflexos na interação com os outros e as reações provocadas.	
Medo Com uma vontade do ego exacerbada e com um conteúdo intenso e inconsciente, aparece o medo de não alcançar e, no fundo, a pessoa sabe que alguns desejos são irrealizáveis e o medo aparece como um freio do desejo irracional.	

Fonte: a autora (2020)

Observar o defeito com maturidade, sem culpa e sem vergonha é a maneira mais efetiva de transformação, identificando, desse modo, o conflito entre o ego e o seu Eu Superior e reconhecendo que é fruto de vários conceitos distorcidos e, na maioria das vezes, sem consciência. Uma grande descoberta pode ser experimentada a partir do momento em que você identifica o defeito e não morre e nem é aniquilado. Os defeitos são os impedimentos básicos para alcançarmos a transformação e o primeiro passo é admiti-los e reconhecê-los, identificar em que grau existem em você, como é a interação entre eles no seu dia a dia e como acontece a dependência entre eles. Com essa compreensão, vamos resgatar a luz do Eu Superior que está encoberto por camadas de sombra.

Agora, imagine esses defeitos clássicos aparecendo no dia a dia das relações, no seu comportamento no papel de líder e na vida.

Se você é líder movido pela Máscara do Poder, cuja distorção envolve obstinação ou vontade do ego e só quer que tudo funcione do "seu jeito", como fica escutar e aceitar uma sugestão do seu liderado ou aceitar algo mais criativo e inovador?

Sabemos que o desejo de um líder é ter liderados criativos, inovadores e comprometidos, e como os liderados podem manifestar seu próprio brilho interior proveniente do seu Eu Superior se o líder não possibilita espaço para isso ou inibe a sua criatividade e a sua expressão? O líder da Máscara do Poder gera medo e intimidação para os seus liderados e o potencial criativo fica na inibição. A força do líder que deveria usar o poder interno como atributo divino transforma-se em risco e o seu desempenho é afetado.

Se você é um líder da Máscara do Amor, cuja distorção é a submissão, e vai querer em nome do amor ser bom e amoroso, tentando agradar e tendo dificuldade de ser assertivo e dizer não no momento adequado para não magoar, também não vai contribuir com o desenvolvimento e a independência dos seus liderados. Como consequência, terá um time imaturo e com baixa produtividade e prontidão. As ferramentas da emoção são usadas em excesso e tornam-se risco para a liderança e não uma força, afetando os seus resultados e o seu desempenho.

Sendo um líder da Máscara da Serenidade, o seu carro-chefe de atuação é o orgulho, o líder "se acha" melhor que todos, tem dificuldade de acessar as emoções e o nível de exigência é muito alto para consigo mesmo e para com o outro.

Quais os reflexos desse perfil diante dos liderados? O orgulho afasta as pessoas e os liderados podem se sentir despreparados para sugerir, criar e inovar; consequentemente, sua produtividade pode ser afetada.

O líder que cuida da autoliderança vai aos poucos se conhecendo e tendo consciência do comportamento e se este está sendo usado como força ou como risco. A autoliderança fornece um semáforo interno e a consciência guiará o líder e qualquer pessoa para que assuma o comando da sua vida, avançando de maneira correta e sem pagar as multas por infringir as leis universais e não só as leis humanas. O uso da consciência é o maior recurso que você poderá acionar a fim de que você use seu potencial para trabalhar a favor do seu desempenho e dos resultados na vida pessoal e na profissional. Entenda que seus talentos pessoais são forças à sua disposição e que os seus riscos são os pontos do seu jeito de ser e que, de alguma maneira, estão afetando os seus resultados.

2.5 A transcendência do ego em direção ao Eu Superior

Buscar descobrir e compreender a nossa verdadeira identidade é uma tarefa obrigatória para todo ser humano. Isso significa acionar a consciência e fazer contato com o poder interno, que é a verdadeira presença no aqui e agora. Por essa razão, conversamos sobre o ego e a importância de estruturá-lo positivamente para fazer a jornada de acesso ao Eu Superior.

O acesso à consciência depende de uma compreensão sobre o nosso ego e não deixar que ele domine as nossas vidas e sejamos aprisionados sem a consciência. É por meio da consciência que teremos acesso à nossa essência e a uma verdadeira percepção da vida e da existência.

O acesso ao Eu Superior nos leva a acionar duas qualidades específicas da consciência: atenção, que está relacionada ao foco para realizar e a intenção, que usa da clareza relativa ao resultado desejado em qualquer área da vida. Por essa razão, a atenção tem a capacidade de energizar e a intenção tem um impacto transformador porque possui a capacidade de entrar em sinergia com o Universo pelo acesso ao campo da potencialidade pura e às infinitas possibilidades.

Ao usarmos essas duas qualidades, acessamos o poder interno e a nossa capacidade criativa para que seja uma expressão daquilo que consegue visualizar.

Você pode agora estar refletindo sobre tudo que leu até aqui e a respeito dos "Eus" e seus defeitos, e quero lembrá-lo de que somos todos humanos e em estágio de evolução para transformar e purificar. Reconhecer que tem também atributos divinos e que podem ser acessados e diminuir o impacto do medo, usufruindo da autoconfiança pela prática da autoliderança, é um grande consolo e uma esperança de que pode liderar sua própria vida e inspirar outras pessoas para superarem esse grande desafio de saber quem somos.

Quando relembramos a você que tem atributos divinos de Poder, Amor e Serenidade, a amplitude dessa afirmação vai além de uma compreensão humana mais comum e penetra no universo da subjetividade, pois significa a busca da integração e unidade entre o Criador e a criatura, mundo interno e mundo externo, como experiência vivenciada pelas quatro dimensões do ser: física, emocional, mental e espiritual. Nessa experiência, as ferramentas da razão (pensamentos), do amor (emoções) e poder (vontade) entram em unidade e equilíbrio, envolvendo uma sensação de felicidade, amor e uma compreensão mais ampla sobre si mesmo e a vida. Esse estado de sentir sua natureza divina significa a presença e a conexão com a centelha de luz que somos, de uma sabedoria infinita, amor grandioso e poder criador, isso podemos denominar de espiritualidade e que significa a consciência. A metodologia do Pathwork®, na palestra número 200 – O sentimento cósmico, detalhado por Eva Pierrakos e Donovan Thesenga, no livro *Entrega ao Deus Interior*, aborda as quatro chaves para sustentar esses atributos e deixar que eles façam parte da sua vida:

1. **A verdadeira e real compreensão das leis de Causa e Efeito e de Autorresponsabilidade pessoal na vida atual.**

Esta abordagem nos remete à compreensão da lei universal de Causa e Efeito, significando que no universo existe um princípio de correlação de intensidade entre as ações e as reações, causa e efeito, e podemos afirmar que não existe nada por acaso e sem uma causa justa. Soma-se a esta lei a de Autorresponsabilidade pessoal, que nos leva a compreender que somos responsáveis por tudo que acontece nas nossas vidas, sejam esses eventos bons ou considerados ruins.

Aplicando essas duas leis às nossas vidas, deixamos de ser vítimas, e para deixar esse peso fora das nossas costas, precisamos entender cada evento que experimentamos no dia a dia, com verificação da relação causa e efeito, qual a nossa contribuição e isso requer autoliderança e coragem para enfrentar essa autoconfrontação.

2. **Adquirir a capacidade de sentir todos os seus sentimentos e lidar com essa experiência.**

A palestra da metodologia Pathwork® número 200 – O sentimento cósmico – faz uma abordagem sobre os sentimentos e afirma que "a personalidade precisa crescer um pouco e proceder por tentativas até aprender a aceitar qualquer sentimento que exista, vivê-lo e lidar com ele de forma construtiva. Por meio da humildade e da honestidade de admitir o ódio e expressá-lo de forma construtiva, ou seja, assumir responsabilidade por ele, a sua capacidade de amor cresce proporcionalmente. Por meio da capacidade de viver a experiência completa do medo, vocês se tornam corajosos e seguros. Não pode ser de outra forma. É assim porque se trata de uma só e da mesma corrente de energia que aparece em diferentes ritmos de frequência e condensação."

Como nascemos com as ferramentas da emoção, e de acordo com a nossa história pessoal e experiência na infância passamos a ter medo de expressar os sentimentos. Precisamos usar a consciência para aprender a usar as ferramentas da emoção e expressar o que sentimos independente daquilo que nos ensinaram como bom ou ruim.

3. Desenvolver a intenção positiva.

A partir do seu Eu Superior, pode experimentar a intenção positiva como prática do bem para si mesmo e em relação aos outros e ir, aos poucos, abandonando as intenções negativas, que são causadoras da nossa infelicidade. Só podemos sentir o amor na sua essência à medida que identificamos conscientemente as intenções negativas e, deliberadamente, escolhemos encarar e deixar de maneira criativa a intenção positiva se expressar.

4. Desenvolver a capacidade de conexão ao seu núcleo divino mais íntimo.

Na busca da integração e unidade entre o Criador e a criatura, a prática das três chaves anteriores será condição para fazer essa conexão com o núcleo divino por meio da meditação, para que você possa ouvir a sua voz interior por meio do silêncio e da calma interna, possa sair da mente agitada pelos pensamentos e experimentar esse núcleo de conhecimento, inteligência, sentimento, presença, tranquilidade e paz. Entrar nesse estado requer paciência, perseverança, repetição e aprendizado da arte de usar o canal de conexão e passar a ativar os sentidos mais profundos da audição que ajudará a ouvir a voz da sabedoria, visão que passa a enxergar a verdade, a compreensão e o amor, sentir o poder interior de percepção e seus movimentos.

As nossas atitudes diante da vida criam as nossas experiências e são frutos dos impulsos de energia e de informação que criamos conscientemente ou não.

Comandar a vida significa ter consciência para gerar impulsos de energia que estejam alinhados com a fonte contida na matriz divina e usufruir da abundância de maneira ilimitada. Por isso, as atitudes de um Comandante são geradoras de maiores realizações, e com autorresponsabilidade pessoal podemos ser um grande Comandante das nossas vidas e fazer com que o nosso barco navegue no mar da vida com maestria, sabendo passar por todas as tempestades naturais da nossa existência terrena, que é uma subida para crescimento e evolução.

O Comandante compreende que algumas atitudes são essenciais para se manter no campo de criação abundante e serão adquiridas por meio da estruturação mental e prática cotidiana, para que seu comportamento se manifeste de maneira automática, natural e com pouco esforço. À medida que o conhecimento e a informação passam a ser incorporados à sua rotina diária, essa mensagem é levada para sua consciência e as manifestações e os resultados começam a acontecer e ser uma verdade na sua vida. Como todo hábito precisa de repetição, você deve praticar de maneira contínua e verá as mudanças. Faça contato diário com este conteúdo e comprovará. A seguir, algumas atitudes para praticar:

- Viva diariamente momentos de silêncio e contato com sua essência, escutando sua voz interior.
- Evite julgar o outro.
- Ao entrar no campo do não julgamento, você pratica a humildade e vive a verdadeira liberdade.
- Use a intenção do que quer na vida de uma forma clara e siga os passos:

No silêncio, formule claramente o seu desejo.

Entregue o seu desejo ao universo e ao campo das infinitas possibilidades para cuidar dos detalhes da realização.

Pratique a gratidão.

2.6 Meditação como caminho para o líder emergente

À medida que compreende a existência dos diversos Eu(s) que habitam dentro de você e a necessidade de buscar uma convivência harmoniosa entre eles para alcançar seu núcleo divino, considero importante falar um pouco sobre o uso da meditação, a fim de que seja estimulado a incluir essa prática como um hábito diário. Lembrando que só alcançamos o Eu Superior com a mente calma, silenciosa e com clareza dos pensamentos.

Vários recursos podem ser utilizados pelo líder ou por qualquer pessoa para acessar e escutar o seu Eu Superior e ter uma experiência de vida pessoal e profissional diferenciada, alcançando um nível maior de conexão com seu poder interno e com sua sabedoria.

Como a nossa educação ocidental não inclui esse nível de conteúdo e aprendizagem para silenciar a mente por meio da meditação e do relaxamento, sentimos mais dificuldade dessa prática que só pode ser aprendida com disciplina e repetição. Estamos testemunhando no mundo inteiro o reconhecimento da importância e da carência desse alimento espiritual, a atenção plena, também conhecida como *mindfulness*, que pode nos ajudar a ampliar o nível de consciência para reconexão com a fonte e a nossa essência divina e para aproveitar a nossa existência de uma forma plena, abundante e gratificante, vivendo com maestria o momento presente.

A prática da meditação levará o líder a experimentar a atenção plena, contribuindo na manutenção do foco e da concentração, com melhorias na saúde, no bem-estar e no acesso ao Eu Superior, para escutar sua voz. Essa escuta vai ajudar o líder no exercício da liderança espiritualizada fundamentada na autoliderança e na condução de equipes de uma forma consciente, reconhecendo o impacto do seu comportamento e seu estilo sobre as pessoas e seus liderados. Assim, ele fará realmente a diferença na vida das pessoas.

Esta é mais uma prática em que o líder precisa ser treinado, para que possa cultivá-la e incluí-la na sua rotina diária e, com o tempo, ser algo o mais natural possível e que vai exigir de você disciplina, autorresponsabilidade e comprometimento com esse alimento espiritual. São várias as opções que você pode escolher para iniciar essa prática, de acordo com a sua identificação e a sua facilidade para começar esse treinamento mental, sabendo que essa prática pode ser feita de formas muito fáceis, tomando pouco tempo da sua rotina. O que é certo é que a meditação gera para o praticante inúmeros benefícios já comprovados em pesquisas.

Segundo a palestra da metodologia do Pathwork® número 194 – Meditação: suas leis e suas diversas abordagens um resumo –, a "meditação é criação consciente e deliberada. É um dos atos mais dinâmicos e criativos que possamos imaginar. O homem cria constantemente, saiba ele disto ou não. Ele cria pelo que ele é, pela soma total de seus sentimentos, de suas opiniões conscientes e inconscientes e de suas convicções; por seus conceitos que determinam suas ações e reações, por suas metas e atitudes. Cada pensamento é uma criação e tem suas consequências. Provoca um resultado específico que expressa esse pensamento".

Se você imaginava que meditar seria apenas ficar bem quieto e parado, já viu que não é bem isso, e sim uma prática de movimento interno que vai pedir um ego estruturado e forte, para que seja produtiva e com resultados na vida.

Como os pensamentos criam o tempo inteiro e muitos deles estão confusos e contaminados por crenças limitantes e por sentimentos destrutivos não identificados, não trabalhados e não processados, o resultado é que estamos criando no meio dessa confusão e, muitas vezes, tem sido uma criação negativa, porém inconsciente, gerando uma vida sem paz, muita ansiedade, baixo nível de desempenho e pouca autorrealização.

Meditar é criar. E se você começar a pensar em criar de maneira deliberada e consciente?

A meditação leva você a um processo criativo, considerando que dentro de você existe uma substância criativa de alto grau e está contida no seu Eu Superior. Se você recorre à sua consciência, à intenção e à produção dos seus pensamentos, o sentir das suas emoções, palavras e ações serão expressos e moldados a partir dessa substância e esse é o grande ato criativo produzido conscientemente por você.

O líder deverá exercitar a "contemplação e a transcendência", tão bem definidas por Ken Wilber, no seu livro *A União da Alma e dos Sentidos*. Se o líder pratica a transcendência, vai aprendendo a atuar não apenas com os sentidos físicos, mas também com as ferramentas da vontade, da razão e das emoções contidas no seu Eu Superior e pertencentes ao conjunto dos seus atributos divinos de Poder, Sabedoria e Amor, respectivamente.

CAPÍTULO 3
O LÍDER EM RELAÇÃO AOS OUTROS

3.1 O líder e seus relacionamentos colaborativos e empáticos

Não podemos pensar em relacionamento entre pessoas sem considerar a importância da compreensão básica do que é conhecer a si mesmo. Isso porque sem esse nível de consciência de si mesmo, não será possível compreender como eu afeto o outro e sou afetado nessa dinâmica de se relacionar. Aquele que não aciona a consciência nos momentos de interação tem uma grande chance de causar alguns impactos sem mesmo saber, por essa razão podemos concluir que o relacionamento é um dos grandes desafios para o ser humano. É exatamente nos possíveis conflitos nas relações que temos a oportunidade de descobrir, dentro de nós mesmos, quais os aspectos que ainda precisam ser trabalhados.

Nesse contexto, os relacionamentos funcionam como desafios que são ao mesmo tempo um gerador de prazer e satisfação, requerem de cada parte um trabalho mais profundo para um mergulho interior e também uma oportunidade para compreender que, a cada possível conflito, ficamos diante de um instrumento de purificação e correção pela consciência do reconhecimento.

Temos um grande anseio pela união e a sua falta causa a dor do isolamento e muita frustração, porém a união entre os seres só é viabilizada seguindo algumas etapas estruturadas e que facilitam a chegada ao topo:

Figura 3.1 – As etapas para alcançar a união nos relacionamentos

Fonte: a autora, com base em Pierrakos (1957-1979)

O alcance da união passa primeiro pelo ato de cooperar e, para tanto, é necessário ter boa vontade e intenção positiva. Em seguida vem a comunicação, que deve ser consciente e buscar o amor e a empatia como elementos essenciais e facilitadores para se chegar a uma relação pacífica e em estado de união.

Relacionamento e isolamento têm vários estágios e graus que vão desde um relacionamento com mais intimidade, aceitação e experiência de amor e cooperação e um equilíbrio entre a assertividade e cessão com a prática do dar e receber, com uma interação com verdade e revelação sem as máscaras ou atitudes que levam ao isolamento e à separação do outro. Vivemos no dia a dia entre os dois extremos de aproximação e de isolamento, e essa escolha deve ser consciente, acionando as Leis da Autorresponsabilidade Pessoal e a de Causa e Efeito, para que a decisão seja bem consciente e não se precise pagar um preço alto pela escolha do isolamento.

Talvez esta seja uma visão nova para você que atua como Líder ou Empreendedor, porém muito importante no exercício da liderança e na relação líder-liderado. Não é à toa que as questões de comunicação, conflitos e relacionamento interpessoal ocupam espaço nas agendas do mundo, nas relações institucionais e diplomáticas, dentro das organizações e entre pessoas.

Como o líder deve encarar os relacionamentos com os liderados?

A partir de uma visão consciente do significado, do impacto dos relacionamentos e da necessidade de construção de ambientes corporativos saudáveis, que facilitem a confiança e a liberdade de inovar, respeitando o talento e a criatividade de cada um, o líder emergente será aquele que tem uma estratégia de comunicação diferenciada, porque o relacionamento com os colaboradores será essencial para a manutenção de um clima positivo e o resgate do contato "cara a cara".

As descobertas feitas por Daniel Siegel, diretor do Mindsight Institute, na Universidade da Califórnia em Los Angeles (UCLA), constroem um entendimento de que o "circuito cerebral que usamos para o autodomínio e para conhecermos a nós próprios é, em grande parte, idêntico ao que usamos para conhecer outra pessoa". Concluem ainda que a nossa consciência da realidade interna de outra pessoa e da nossa são, ambas, atos de empatia. Esse conceito traduz o novo campo científico pesquisado e fundado por Daniel Siegel sobre a biologia interpessoal, que só ficou conhecida com as descobertas do cérebro social, que inclui todas as possibilidades de circuitos cerebrais projetados para nos harmonizarmos e interagirmos com outras pessoas.

Os avanços da neurociência e as descobertas do cérebro social, dos "neurônios espelhos" e da biologia interpessoal nos convidam para um novo olhar sobre as interações e o grande valor da empatia a facilitar e harmonizar os relacionamentos entre as pessoas e entre seus cérebros apoiados na ciência, que já comprova que os neurônios-espelhos são ativados em nós em resposta ao que vemos na outra pessoa: suas emoções, seus movimentos e suas intenções.

Isso nos convence mais ainda da necessidade de avançarmos na nossa alfabetização emocional para aprendermos a reconhecer as emoções na hora que acontecem, mediante autoconsciência e autocontrole da sua expressão, acreditando sempre que as emoções são contagiantes e que isso pode ocorrer de maneira positiva e negativa. Por isso, é tão significativa a autorresponsabilidade de um líder na sua interação com os liderados, porque o tempo todo estará impactando, de alguma maneira, o outro. Ter clareza de que, no exercício da liderança, o gerenciamento interno dos seus estados cerebrais movidos pelas emoções atingirá seus liderados.

Compreender o estado emocional só é possível com a autoconsciência e a autoliderança, e a partir do momento em que sabemos que o líder exerce influência sobre os liderados, a sua expressão também impacta significativamente, porque assume um lugar de poder dentro do grupo que lidera. Os estudos apontam que se o líder está em estado mais positivo, irradia essa energia impulsionadora para todo o grupo, espalhando otimismo, assim o desempenho do grupo é otimizado. Se ocorre o contrário, quando o líder emana um ânimo negativo, essa vibração afeta o time e, consequentemente, o desempenho e a produtividade.

Uma grande verdade e conclusão é que, sempre que ocorre interação em dupla, em grupo ou dentro da organização, o contágio emocional acontece em função do cérebro social, dos circuitos cerebrais com o sistema neural espelho.

Essa dinâmica do contágio emocional funciona automática e inconscientemente, e essa é mais uma razão para que o líder atue com mais consciência do impacto que pode causar nos liderados.

3.2 Seja um líder assertivo e humanizado

Ficar atento à química interpessoal é uma tarefa para os líderes, que vão precisar da prática constante de uma relação empática, compreendendo a sua fisiologia com seus componentes, conforme ilustrado a seguir:

Figura 3.2 – A empatia e seus ingredientes

Fonte: a autora, com base em Goleman (2012)

A empatia é o núcleo central da consciência social para que possamos sentir o que os outros estão pensando e sentindo, sem que digam palavras, mas utilizando o entendimento dos sinais por meio do tom da voz, da expressão facial, da linguagem corporal e de todos os outros canais de comunicação não verbal.

A prática da empatia requer autoconsciência e um grau de presença, conexão e de disposição para se colocar no lugar do outro, lembrando sempre de que a empatia é diferente da simpatia pelo nível de profundidade e de envolvimento, e funciona como uma verdadeira arte de usar a compreensão sobre os sentimentos, as perspectivas e a ação que afetam o outro. Por essa razão, a empatia pede **atenção**, que é uma qualidade da essência do ser, e **sinergia** para ir além das ideias e dos preconceitos, na busca de cooperação, coesão e união para atingir objetivos comuns e **sentimento positivo** como expressão de uma química relacional agradável e que facilite a comunicação e o desempenho.

Saber os três tipos de empatia é importante para termos a consciência dos sinais que estamos enviando para o outro e que podem ser por vários canais não verbais:

1. EMPATIA COGNITIVA

"eu sei como você vê as coisas: posso entender sua perspectiva"

Um dos maiores resultados alcançados pelos líderes que praticam esta modalidade de empatia é a capacidade de obter mais resultados dos liderados do que o esperado, porque se comunicam de uma forma que as pessoas entendem e geram mais motivação.

2. EMPATIA EMOCIONAL

"eu sinto com você"

Esta empatia é essencial para a química relacional. As pessoas e os líderes que a usam são excelentes conselheiros e mentores e conseguem sentir, no momento da interação, o que o outro está sentindo e a que está reagindo.

3. PREOCUPAÇÃO EMPÁTICA

"sinto que você precisa de alguma ajuda e, espontaneamente, estou pronto a prestá-la"

Aquela disposição para voluntariamente ajudar e servir. O líder, com sua capacidade de diagnóstico, pode, antecipadamente, identificar as necessidades e atuar para servir e ajudar seus liderados.

3.3 O líder praticando e estimulando a cooperação e a construção coletiva

Despertar nos liderados a curiosidade e a criatividade é uma verdadeira arte e isso depende de uma grande mobilização das pessoas envolvidas para saírem da zona de conforto e aprenderem a criar junto, praticando a empatia e a colaboração, vivendo o confronto de maneira respeitosa.

As experiências da Google e da Apple com seus resultados surpreendentes nos levam a compreender suas práticas bem-sucedidas e uma delas foi denominada por Kim Scott, que foi executiva Google, como a *Roda do Fazer Acontecer,* para criar as bases da colaboração. A roda, com suas etapas, está representada a seguir:

Figura 3.3 – As etapas da roda do fazer acontecer

1 OUVIR
7 APRENDER
2 ESCLARECER
6 EXECUTAR
3 DEBATER
5 CONVENCER
4 DECIDIR

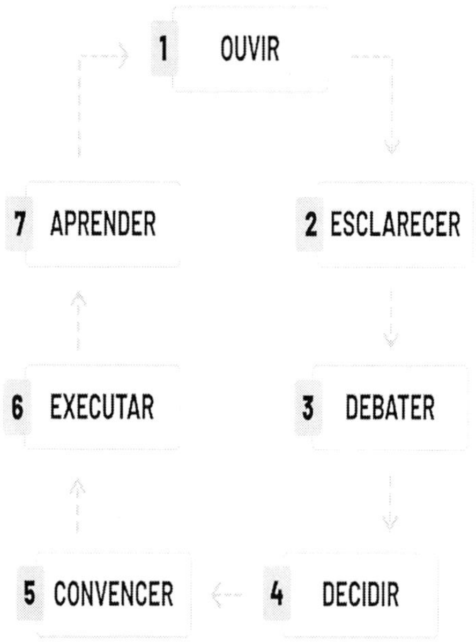

Fonte: Scott (2017)

Etapa 1 - Ouvir

Esta etapa é fundamental para que se oportunize a expressão espontânea de todos com suas ideias, para que possam expressar queixas e posições, incluindo o estímulo àqueles que são mais tímidos.

Torna-se necessário que a organização crie a cultura da escuta ativa.

Etapa 2 - Esclarecer

Este é o momento de oportunizar um espaço para que as ideias e os pensamentos sejam expostos com mais clareza. O uso das perguntas investigativas é uma ótima estratégia.

Etapa 3 - Debater

Aqui as "pedras serão polidas". Após o esclarecimento, torna-se necessário o debate de maneira aberta para facilitar as decisões. Polir as ideias é uma fase importante e, ao mesmo tempo, trabalhosa, porque alguns atritos surgem no processo e o uso da empatia vai ajudar.

O líder, neste momento, estimula o debate e cuida das emoções surgidas e que podem afetar o processo, cria um clima de humor para diminuir o impacto da tensão e evita tomar decisão, porque o debate ficou muito caloroso.

Nesta etapa devemos cuidar dos "egos" e focar as ideias.

Etapa 4 - Decidir

Importante etapa que deve ser cuidada levando em consideração os fatos e os dados e uma exploração das questões envolvidas, com profundidade.

Etapa 5 – Convencer

Como nas etapas anteriores, você não consegue envolver todos do time, é hora de incluir outras pessoas no processo para evitar o ressentimento. Você tem o histórico das etapas anteriores e pode repassar e comunicar a nova ideia, recorrendo à essência da persuasão, já defendida por Aristóteles: "o orador para ser legitimamente persuasivo, leva em conta as emoções dos ouvintes, mas também deve conquistar a credibilidade deles e explicar a lógica de seu argumento".

Em resumo, as emoções que importam são as dos seus ouvintes, a credibilidade está relacionada ao conhecimento do assunto associado à humildade e à lógica com uma explicação mais detalhada de como chegou àquela ideia, lembrando que você sabe tudo e os ouvintes nem sempre sabem.

Etapa 6 - Executar

É o momento de colocar a mão na massa e três pontos são importantes para quem lidera:

- Otimize o tempo da equipe.
- Coloque também a mão na massa.
- Reserve tempo para a execução da ideia.

Etapa 7 - Aprender

É a etapa de aprender com a experiência e requer maturidade até para concluir que o resultado não foi o que se esperava.

Os novos modelos de negócios e ferramentas vistas na primeira parte do livro nos provocam uma reflexão e conscientização para que possamos trabalhar do ego para o eco. Para isso, precisamos exercitar o agir coletivamente e trabalhar na busca do Eu para o Nós, de uma forma intencional, eficaz e cocriativa. Claro que muitos obstáculos ocorrem para essa prática tão salutar e que depende da autoconsciência e da autoliderança.

3.4 O feedback com uso da empatia assertiva

O uso do *feedback* como uma habilidade da liderança, agora trabalhada com a consciência da empatia, levou Kim Scott, no seu livro *Empatia Assertiva*, a propor um formato, a seguir ilustrado, com uma prática de *feedback* de elogios e de críticas. A novidade é enfatizar o dar e receber o *feedback* e, como líder, ficar preparado também para recebê-lo dos seus liderados, trabalhando a empatia:

Figura 3.4 – *Feedback* empático e suas variáveis

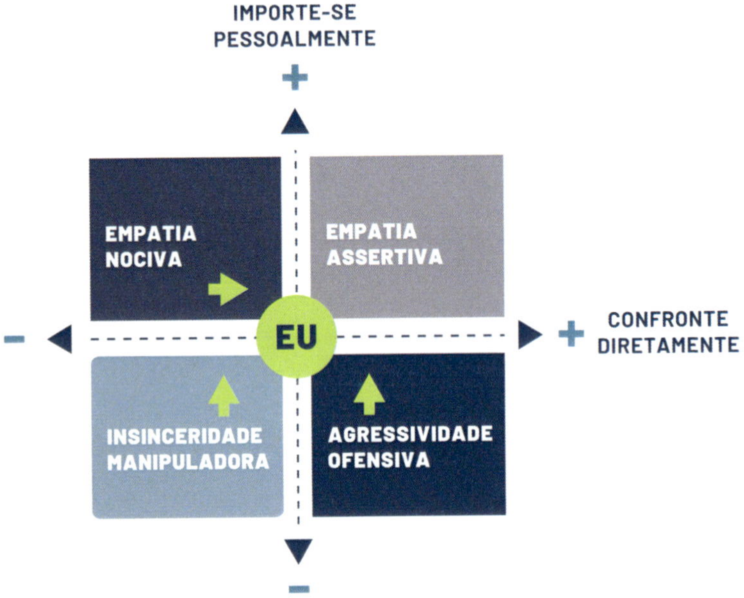

Fonte: a autora, com base em Scott (2017)

Duas variáveis são consideradas nesse formato de *feedback*:

- Na linha horizontal, o confronto direto que representa a capacidade do líder de se posicionar diante dos liderados a partir dos fatos.
- Na linha vertical, um convite ao líder para ser um "gestor de gente" e cuidar das pessoas no exercício do *feedback* corretivo e de elogio.

Acrescento a essa matriz do *feedback* o EU no centro por entender que o líder, para praticá-la, deverá acionar a consciência para utilizar as duas variáveis com maestria.

O líder deve ter como meta o quadrante referente à *Empatia Assertiva*, em que tem uma alta preocupação com as pessoas e as confronta diretamente por meio de uma comunicação verdadeira.

A *Empatia Nociva* se caracteriza pela alta preocupação com as pessoas, porém em relação ao confronto direto, este é baixo e o líder não se revela com uma comunicação clara e direta.

A *Insinceridade Manipuladora* ocorre quando o líder não se importa com as pessoas e nem as confronta diretamente. Esse estilo não contribui em nada com o crescimento dos liderados.

A *Agressividade Ofensiva* é um estilo no qual o líder confronta diretamente e não se importa com as pessoas e causa muitos danos para o liderado e para o relacionamento, com um estilo de liderança tóxica.

3.5 Feedforward versus Feedback

Sabemos o valor do *feedback* como competência essencial para os líderes e como grande ferramenta da comunicação para alinhamento de expectativas e de desempenho. Reconhecemos, ainda, que independentemente do tipo do *feedback*, ele tem o foco no passado e no que já ocorreu em relação ao comportamento do liderado.

Como o processo de coaching é focado no futuro, Marshall Goldsmith nos convida, com toda a sua experiência com executivos em grandes corporações, para uma nova visão prática, sugerindo uma atuação da liderança a partir das infinitas possibilidades do futuro no qual os líderes podem chegar, tornando essa competência mais dinâmica e envolvente.

Assim, Goldsmith cria o termo *feedforward,* como uma ferramenta poderosa para a evolução das pessoas. O termo tem origem na língua inglesa e significa olhar para "a frente" ou "avançar". Sua grande função é buscar otimizar o potencial e ampliar o desempenho do profissional focando o futuro.

A prática do *feedforward* envolve o uso de perguntas investigativas por parte do líder e deve começar com esta:

Quem você é hoje e quem você quer ser no futuro?

A fonte de pesquisa realizada por Marshall Goldsmith contou com mais de 30 mil líderes e ele concluiu sobre o porquê deve ser praticado o *feedforward* como ferramenta de desenvolvimento de líderes, justificando suas conclusões experimentais em 11 razões para a prática, mencionadas em seu livro *Coaching: O Exercício da Liderança*:

1. *"Podemos mudar o futuro. Com a prática de imaginar o futuro, as pessoas podem antever e manter o foco em um futuro positivo e não voltando a atenção para um passado falho".*

2. *"Pode ser mais produtivo ajudar pessoas a serem "corretas" que provar que estavam "erradas". Em especial no feedback corretivo, o ouvinte geralmente encaminha-se para a defensiva e provoca algum nível de desconforto para quem está fornecendo o feedback. O feedforward, por focar na solução e em outras possibilidades, torna o clima de interação mais agradável para o líder".*

3. *"O feedforward se aplica a pessoas bem-sucedidas. Ele comprovou uma tendência de que as pessoas bem-sucedidas aceitam ideias com o objetivo de ajudá-las a atingir metas".*

4. *"O feedforward pode ser originado por qualquer pessoa que tenha conhecimento sobre a tarefa, não requer experiência pessoal com o indivíduo. É mais aceitável esta contribuição e gera reação positiva quando o outro pode aprender com um desconhecido".*

5. *"As pessoas não levam o feedforward para o lado pessoal. Uma das grandes dificuldades no feedback é que as pessoas trazem para o pessoal e não entendem que se refere ao comportamento. Como o feedforward está relacionado com algo que ainda não aconteceu, tende a ser visto como conselho objetivo e não envolve uma crítica pessoal".*

6. *"O feedback pode reforçar o estereótipo pessoal e levar ao cumprimento de profecias pessoais negativas. O feedforward pode reforçar a possibilidade de mudança, e o feedback pode reforçar o sentimento de fracasso. Quantos de nós fomos*

"ajudados" por um cônjuge, pessoa querida ou amigo, que parece ter uma memória quase fotográfica de nossos "pecados" anteriores, que compartilha conosco para apontar a história de nossas deficiências. O feedback negativo pode ser usado para reforçar a mensagem "é assim que você é". O feedforward é baseado na suposição de que o receptor das sugestões pode fazer mudanças positivas no futuro".

7. "A maioria das pessoas odeia dar feedback negativo. Dar ou receber feedback corretivo não é uma competência praticada com conforto e esta realidade não será alterada no futuro próximo".

8. "O feedforward pode abranger quase o mesmo "material" do feedback. A grande diferença na prática do feedforward passa pelas ideias sem julgamento, com sugestões para o futuro, de forma específica e de maneira positiva".

9. "O feedforward tende a ser muito mais rápido e eficiente do que o feedback. Como tem sua proposta pautada em ideias para o futuro sem julgamento, o feedforward torna-se, assim, positivo e rápido".

10. "O feedforward pode ser uma ferramenta útil para ser usada com gerente, pares e equipe. Quando a pessoa pratica o feedforward, ela não é superior ao outro, e sim, intenciona contribuir com a evolução do outro, independentemente da posição de poder, enquanto o feedback está associado a um julgamento".

11. "As pessoas tendem a escutar com maior atenção o feedforward que o feedback. Pela proposta do feedforward, quem fornece ouve com atenção o outro e agradece, pois a resposta é do outro e a maior tarefa é usar das perguntas investigativas e focar em ouvir a resposta".

Diante das razões expostas e de tudo que você já viu sobre *feedback* com a visão da empatia, registre a seguir como você pode melhorar a competência da comunicação, usando as ferramentas de *feedback* e de *feedforward*, a partir de hoje:

3.6 O impacto da liderança ressonante nos relacionamentos

> *"Os líderes de excelência são eficientes porque se relacionam com os outros utilizando as competências da inteligência emocional, como a empatia e a autoconsciência, e não apenas por serem inteligentes ou tecnicamente competentes."*
> *(O poder da inteligência emocional, de Daniel Goleman, Annie McKee e Richard Boyatzis)*

Primeiro vamos entender o significado da palavra ressonância, que vem do latim *ressonare* e se refere ao esforço ou prolongamento de sons por reflexão, ou por vibração sincrônica. Trazendo para o campo das relações humanas, existe uma vibração sincrônica quando duas pessoas estão emocionalmente na mesma sincronia e esta ressoa, prolongando um tom emocional positivo.

O líder tem um papel fundamental para manter um clima positivo com seus liderados através da ressonância e sustenta um ambiente de harmonia que facilitará o desempenho, a produtividade e reduzirá ruídos.

As emoções dos líderes participam e auxiliam a ressonância e sempre vão transmitir energia, que pode ser positiva ou negativa. Se a vibração energética do líder for de entusiasmo, otimismo, respeito, alegria, humanização e autorresponsabilidade, vai contribuir para o sucesso da organização, facilitando o clima e a satisfação dos liderados. Se for de pessimismo, agressividade, desrespeito e pouco cuidado com as pessoas, a organização pode afundar ao produzir o som desafinado em relação às pessoas.

A prática da liderança ressonante cria conforto no ambiente corporativo e contribui na construção coletiva. Pela colaboração, pelo compartilhamento de ideias, o aprendizado e as decisões são em grupo, faz-se exatamente o que precisa ser feito, e mais, cria-se vínculo emocional que ajuda a manter o foco.

Líderes criam dissonância quando não conseguem estabelecer empatia com seus liderados e nas relações, gerando angústia coletiva e insegurança, que afetam os resultados.

O quadro a seguir sintetiza a prática da liderança ressonante entre homens e mulheres e esta é uma grande oportunidade de revisão do estilo, aproveitando ao máximo as tendências naturais.

Figura 3.5 – Habilidade relacional do líder

Fonte: a autora (2020)

Para finalizar, retorne ao índice, reveja todo o conteúdo e registre a seguir quais os pontos que você precisa retomar para praticar o foco triplo da liderança, a fim de que se transforme em um líder exponencial e alcance resultados extraordinários.

Figura 3.6 – Exercício sobre os pontos de melhoria no foco triplo da liderança

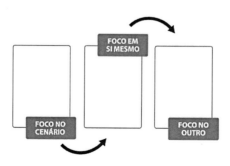

Fonte: a autora (2020)

Concluindo, observe a imagem do foco triplo e registre, a seguir, qual o mais difícil (+) de praticar e quais ações para amenizar a dificuldade.

Figura 3.7 – Plano de ação

FOCO	GRAU	AÇÃO
EXTERNO		
NO OUTRO		
EM SI MESMO		

Fonte: a autora (2020)

PARABÉNS POR TER CHEGADO ATÉ AQUI!

REFERÊNCIAS

BRADEN, Gregg. *A Matriz Divina*. São Paulo: Cultrix, 2008.

BROWN, Tim. *Design Thinking*. Rio de Janeiro: Alta Books, 2017.

CHOPRA, Deepak. *A Alma da Liderança*. Rio de Janeiro: Rocco, 2011.

CHOPRA, Deepak. *As Sete Leis Espirituais do Sucesso*. São Paulo: Best Seller, 1998.

CHOPRA, Deepak. *Criando Prosperidade*. São Paulo: Best Seller, 1993.

CLARK, Tim; OSTERWALDER Alexander; PIGNEUR, Yves. *Business Model You*. Rio de Janeiro: Alta Books, 2013.

COVEY, Stephen. *A 3ª Alternativa*. Rio de Janeiro: Best Seller, 2012.

COVEY, Stephen. *O 8º Hábito*. Rio de Janeiro: Elsevier, 2005.

COVEY, Stephen. *Os 7 Hábitos das Pessoas Eficazes*. São Paulo: Best Seller, 1989.

GOLDSMITH, Marshall; LYONS, Laurence; MCARTHUR, Sarah. *Coaching*: O Exercício da Liderança. Rio de Janeiro: Alta Books, 2017.

GOLEMAN, Daniel. *Inteligência Emocional*. Rio de Janeiro: Objetiva, 1995.

GOLEMAN, Daniel. *O Cérebro e a Inteligência Emocional*. Rio de Janeiro: Objetiva, 2012.

GOLEMAN, Daniel. *Liderança* – A Inteligência Emocional na Formação do Líder de Sucesso. Rio de Janeiro: Objetiva, 2015.

GORDON, John. *O Poder da Liderança Positiva*. Rio de Janeiro: Alta Books, 2018.

HERSEY, Paul; BLANCHARD, Kenneth H. *Psicologia para administradores*. São Paulo: EPU. Editora Pedagógica e Universitária, 1986.

JAWORSKI, Joseph. *A Fonte*. São Paulo: Cultrix, 2014.

KIM, W. Chan; MAUBORGNE, Renée. *A estratégia do oceano azul*: como criar novos mercados e tornar a concorrência irrelevante. Rio de Janeiro: Elsevier, 2005.

KNAPP, Jake; ZERATSKY, John; KOWITZ, Braden. *Sprint*. Rio de Janeiro: Intrínseca, 2017.

MALONE, Michael S.; ISMAIL, Salim; GEEST, Yuri Van. *Organizações exponenciais*. Alta Books, 2018.

OSTERWALDER Alexander *et al. Value Proposition Design*. São Paulo: HSM do Brasil, 2014.

OSTERWALDER, Alexander; PIGNEUR, Ives. *Modelo de Negócios BMG*. Rio de Janeiro: Alta Books, 2011.

PALAO, Francisco; LAPIERRE, Michelle; ISMAIL, Salim. *Transformações Exponenciais*. Rio de Janeiro: Alta Books, 2019.

PIERRAKOS, Eva. *Palestra número 011 da metodologia Pathwork®* – Autoconhecimento; o grande plano; o mundo espiritual. *In:* 258 PALESTRAS DA METODOLOGIA DO PATHWORK®, 1957-1979, EUA.

PIERRAKOS, Eva. *Palestra número 033 da metodologia Pathwork®* – Preocupação com o Eu. *In:* 258 PALESTRAS DA METODOLOGIA DO PATHWORK®, 1957-1979, EUA.

PIERRAKOS, Eva. *Palestra número 112 da metodologia do Pathwork®* – A relação do homem com o tempo. *In:* 258 PALESTRAS DA METODOLOGIA DO PATHWORK®, 1957-1979, EUA.

PIERRAKOS, Eva. *Palestra número 132 da metodologia Pathwork®* – A função do ego em relação ao eu real. *In:* 258 PALESTRAS DA METODOLOGIA DO PATHWORK®, 1957-1979, EUA.

PIERRAKOS, Eva. *Palestra número 152 da metodologia Pathwork®* – A conexão entre o ego e o poder. *In:* 258 PALESTRAS DA METODOLOGIA DO PATHWORK®, 1957-1979, EUA.

PIERRAKOS, Eva. *Palestra número 171 da metodologia Pathwork®* – Leis espirituais e psíquicas. *In:* 258 PALESTRAS DA METODOLOGIA DO PATHWORK®, 1957-1979, EUA.

PIERRAKOS, Eva. *Palestra número 194 da metodologia Pathwork®* – Meditação: suas leis e suas diversas abordagens – um resumo. *In:* 258 PALESTRAS DA METODOLOGIA DO PATHWORK®, 1957-1979, EUA.

PIERRAKOS, Eva. *Palestra número 198 da metodologia Pathwork®* – Transição para a intenção positiva. *In:* 258 PALESTRAS DA METODOLOGIA DO PATHWORK®, 1957-1979, EUA.

PIERRAKOS, Eva. *Palestra número 180 da metodologia Pathwork®* – O significado espiritual do relacionamento humano. *In:* 258 PALESTRAS DA METODOLOGIA DO PATHWORK®, 1957-1979, EUA.

PIERRAKOS, Eva. *Palestra número 200 da metodologia Pathwork®* – O sentimento cósmico. *In:* 258 PALESTRAS DA METODOLOGIA DO PATHWORK®, 1957-1979, EUA.

PIERRAKOS, Eva. *Palestra número 205 da metodologia do Pathwork®* – A ordem como princípio universal. *In:* 258 PALESTRAS DA METODOLOGIA DO PATHWORK®, 1957-1979, EUA.

PIERRAKOS, Eva. *Palestra número 231 da metodologia Pathwork®* – A educação da nova era. *In:* 258 PALESTRAS DA METODOLOGIA DO PATHWORK®, 1957-1979, EUA.

PIERRAKOS, Eva. *Palestra número 242 da metodologia Pathwork®* – O significado espiritual dos sistemas políticos. *In:* 258 PALESTRAS DA METODOLOGIA DO PATHWORK®, 1957-1979, EUA.

PIERRAKOS, Eva. *Palestra número 257 da metodologia do Pathwork®* – Comunicação, consciência de grupo, exposição. *In:* 258 PALESTRAS DA METODOLOGIA DO PATHWORK®, 1957-1979, EUA.

PIERRAKOS, Eva. *Palestra número 272 da metodologia Pathwork®* – O significado espiritual dos sistemas políticos. *In:* 258 PALESTRAS DA METODOLOGIA DO PATHWORK®, 1957-1979, EUA.

PIERRAKOS, Eva. *258 palestras da metodologia do Pathwork®*. Canalizadas nos EUA, entre 1957 até o ano de sua morte, em 1979.

RIES, Eric. *A Startup Enxuta*. São Paulo: Lua de Papel, 2012.

RIES, Eric. *O Estilo Startup*. Rio de Janeiro: Leya, 2018.

ROHDEN, Huberto. *Educação do Homem Integral*. São Paulo: Alvorada, 1984.

SCOTT, Kim. *Empatia Assertiva*. São Paulo: HSM, 2017.

SCHARMER, C. Otto. *Teoria U*. Rio de Janeiro: Elsevier, 2010.

THESENGA, Susan. *O Eu sem defesas*. São Paulo: Cultrix, 1994.

WILBER, Ken. *A União da Alma e dos Sentidos*. São Paulo: Cultrix, 2006.

A metodologia do Pathwork® embasa a minha vida pessoal e a profissional e se você, leitor, desejar saber mais, a seguir estão os contatos nas redes sociais:

Pathwork® Internacional: pathwork.org
Pathwork® Brasil: www.pathworkbrasil.com.br
Pathwork® Bahia: www.pathworkbahia.com.br

Instagram: @joannadarcsales